学ぶ人は、
変えて
ゆく人だ。

目の前にある問題はもちろん、

人生の問いや、

社会の課題を自ら見つけ、

挑み続けるために、人は学ぶ。

「学び」で、

少しずつ世界は変えてゆける。

いつでも、どこでも、誰でも、

学ぶことができる世の中へ。

受験生の
50%以上が解ける

落とせない 入試問題 国語

三訂版

旺文社

CONTENTS

スタッフ
編集協力／有限会社編集室ビーライン
校正／加田祐衣、鈴木充美、豆原美希
本文・カバーデザイン／伊藤幸恵
巻頭イラスト／栗生ゑゐこ

本書は、各都道府県の教育委員会が発表している公立高校入試の設問別正答率（一部得点率）データをもとに、受験生の 50%以上が正解した問題を集めた画期的な一冊。落とせない基本的な問題ばかりだからしっかりとマスターしておこう。

本書の効果的な使い方

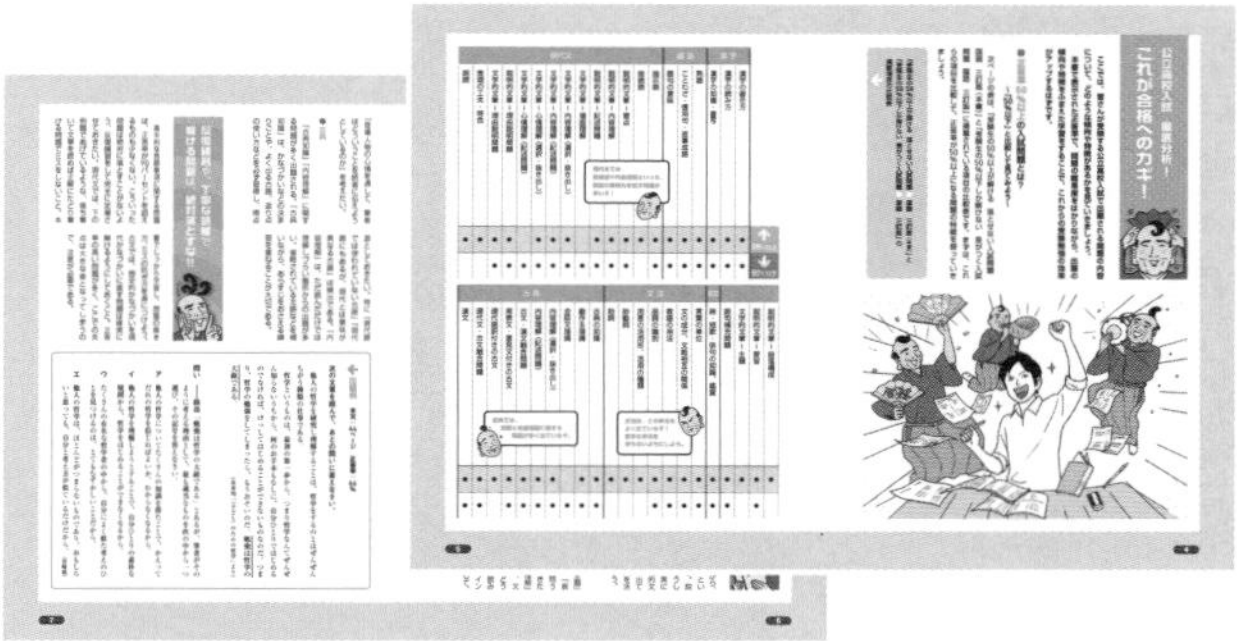

STEP 1 出題傾向を知る

まずは、最近の入試出題傾向を分析した記事を読んで「正答率50%以上の落とせない問題」とはどんな問題か、またその対策をチェックしよう。

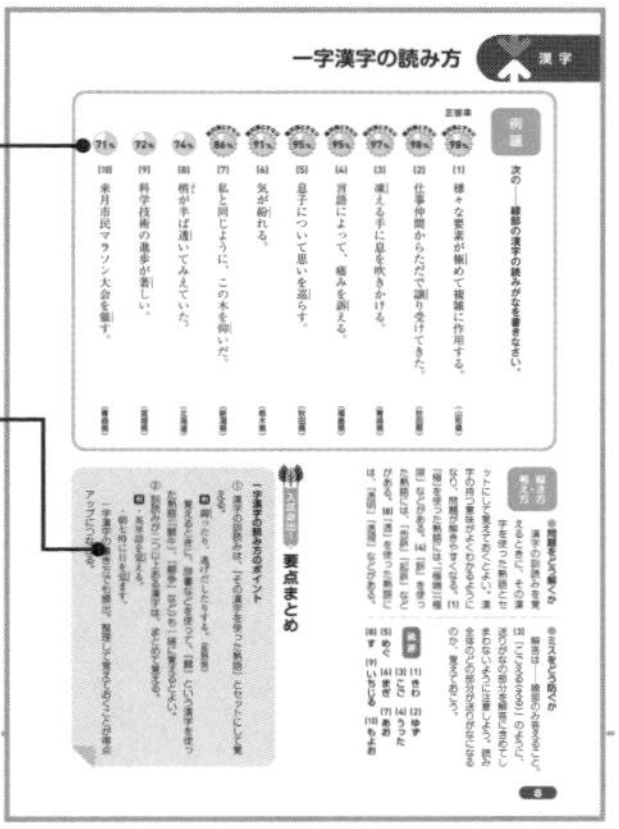

全ての問題に正答率が表示されています（都道府県によっては、抽出データを含みます）。

入試によく出る項目の要点を解説しています。

STEP 2 例題で要点を確認する

出題傾向をもとに、例題と入試に必要な重要事項、答えを導くための実践的なアドバイスを掲載。得点につながるポイントをおさえよう。

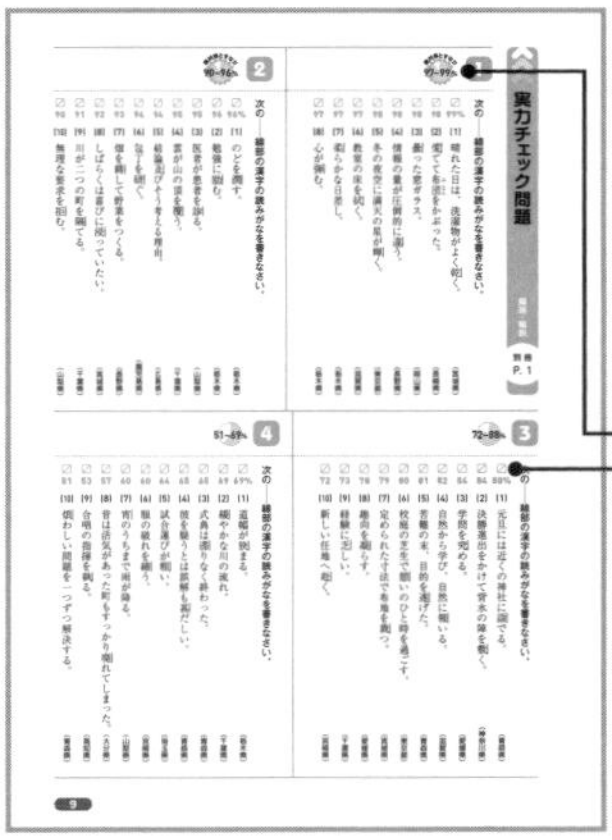

絶対落とすな!! 82%

多くの受験生が解けた、正答率 80%以上の問題には、「絶対落とすな !!」のマークがついています。

設問ごとにチェックボックスがついています。

STEP 3 問題を解いて鍛える

「実力チェック問題」には、正答率が50%以上の問題を厳選。不安なところがあれば、別冊の解説や要点まとめを見直して、しっかりマスターしよう。

本書がマスターできたら…

正答率 50%以下の問題でさらに得点アップをねらおう！

『受験生の50%以下しか解けない 差がつく入試問題 ● 国語［三訂版］』

本冊 96 頁・別冊 24 頁　定価 990 円（本体 900 円+税 10%）

公立高校入試　徹底分析！
これが合格へのカギ！

ここでは、皆さんが受験する公立高校入試で出題される問題の内容について、どのような傾向や特徴があるかを見ていきましょう。
本書で表示された正答率で、問題の難易度をはかりながら、出題の傾向や特徴をふまえた学習をすることで、これからの受験勉強の効率がアップするはずです。

● 正答率50％以上の入試問題とは？
～「50％以下」と比較して見てみよう～

次ページの表は、「受験生の50％以上が解ける　落とせない入試問題　国語　三訂版（本書）」と「受験生の50％以下しか解けない　差がつく入試問題　国語　三訂版」に掲載されている項目の比較表です。まずは、これらの項目を比較して、正答率が50％以上になる問題の特徴を探っていきましょう。

←
「受験生の50％以上が解ける　落とせない入試問題 ● 国語　三訂版（本書）」と「受験生の50％以下しか解けない　差がつく入試問題 ● 国語　三訂版」の掲載項目の比較表

分野	単元	50%以上	50%以下
漢字	漢字の書き方	●	●
	漢字の読み方	●	●
	漢字の知識・書写	●	●
語彙	熟語	●	●
	ことわざ・慣用句・故事成語	●	●
	語句の意味	●	●
現代文	指示語	●	●
	接続語	●	
	説明的文章ー要点	●	●
	説明的文章ー内容理解	●	●
	説明的文章ー記述問題	●	●
	文学的文章ー場面理解		●
	文学的文章ー内容理解（選択・抜き出し）	●	●
	文学的文章ー内容理解（記述問題）	●	●
	文学的文章ー心情理解（選択・抜き出し）	●	●
	文学的文章ー心情理解（記述問題）		●
	説明的文章ー理由説明問題	●	●
	文学的文章ー理由説明問題	●	●
	表現の工夫・特色	●	
	朗読	●	

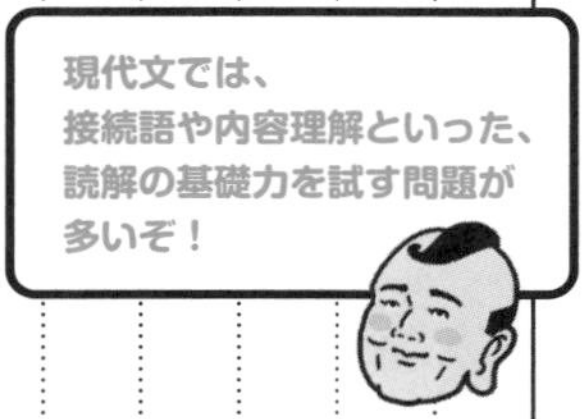
現代文では、
接続語や内容理解といった、
読解の基礎力を試す問題が
多いぞ！

分野	単元	50%以上	50%以下
（現代文）	説明的文章ー段落構成	●	
	説明的文章ー要旨	●	●
	文学的文章ー主題	●	
	語句補充問題	●	●
韻文	詩・短歌・俳句の知識、鑑賞	●	●
文法	言葉の単位	●	●
	文の成分、文節相互の関係	●	●
	敬語の用法	●	●
	品詞の識別	●	●
	用言の活用形、活用の種類	●	
	助動詞	●	
	助詞	●	
古典	古典の知識	●	●
	動作主指摘	●	●
	会話文指摘		●
	内容理解（選択・抜き出し）	●	●
	内容理解（記述問題）	●	●
	古文・漢文融合問題	●	●
	発表文・意見文付きの古文	●	●
	現代語訳付きの古文	●	
	現代文・古文融合問題	●	●
	漢文	●	●

文法は、どの単元も
よく出ているぞ！
苦手な単元を
作らないようにしよう。

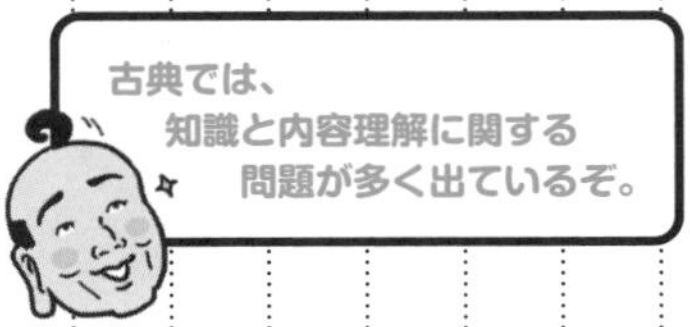
古典では、
知識と内容理解に関する
問題が多く出ているぞ。

どの分野も油断できない!!

中学校の国語では、

- **読む**
  - 現代文（説明的文章、文学的文章）
  - 古典（古文、漢文）
  - 韻文（詩、短歌、俳句）
- **聞く・話す・書く**…ヒアリング、表現、作文など
- **言語事項**…漢字、文法、語彙（ことわざ、慣用句）など

を学習する。下のグラフを見てみよう。これは、全国の公立高校入試問題を、旺文社が独自に分析したものである。このグラフから、公立高校の国語の入試問題では、中学校で学習する内容が、まんべんなく出題されていることがわかる。つまり、合格を勝ち取るためには、普段の国語の授業を大切にする一方で、特に出題の目立つ「現代文」「古典」「言語事項」を中心に幅広く学習し、苦手分野を作らないことが大切なのである。

〈分野別　出題数の割合〉

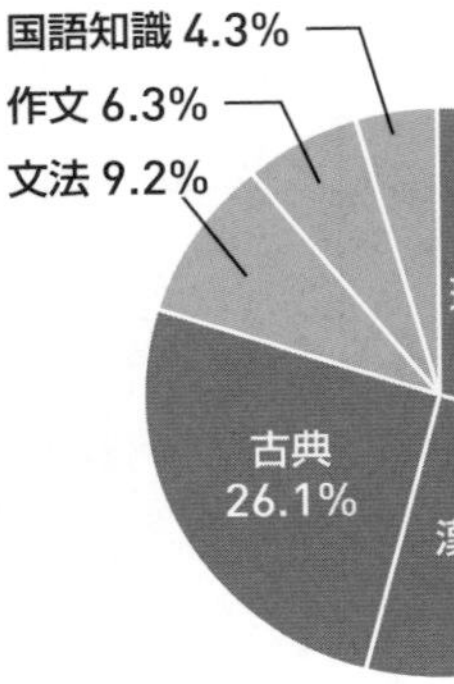

※データは、2022年に実施された全国の公立入試問題について、旺文社が独自に調べたものです。

「読む」分野は、こう攻めろ!!

「読む」の分野の中で、入試での出題頻度が特に高いのは「現代文」と「古典」である。現代文は、大きく「説明的文章（説明文、論説文、説明的な随筆文）」と「文学的文章（小説文、文学的な随筆文）」に分けられる。ここでは、「説明的文章」「文学的文章」「古典」という三つの分野に絞り込み、分野別出題傾向と効果的な学習法を詳しく見ていこう。

● 説明的文章

「要点」「要旨」「内容理解」「理由説明」からの出題が大半である。これらの問題で得点するためには、「筆者が、どのような話題について、どのような順番で文章を展開し、どのような結論を導き出しているか」を正しく読み取ることが大切だ。文章を丁寧に読み取り、各段落の要点をおさえながら、文章全体の要旨をまとめる、という練習に繰り返し取り組もう。説明的文章に対する読解力はこうした訓練を継続することで、確実に身についていく。また、説明的文章には難度の高い言葉が多く出てくるので、普段から国語辞典を活用し、語彙力を伸ばしておこう。

● 文学的文章

「心情理解」「理由説明」「主題」を問う出題が多い。近年は、「表現の特色」「表現の効果」を問う問題も見られるようになってきたが、これらも、大半は「心情理解」に関わるものである。つまり、文学的文章では「登場人物は、どういう気持ちなのか」を丁寧に読み取ることが高得点をあげるポイントになるといえるだろう。そして、

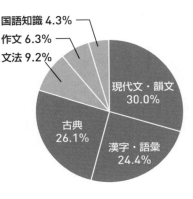

「登場人物の心情を通して、筆者はどういうことを読者に伝えようとしているのか」を考えたい。

● 古典

「古典知識」「内容理解」に関する問題が多く出題される。「古典知識」は、かなづかいなどの決まりごとや、よく出る古語、返り点の使い方などを必ず習得し、得点源としておきたい。特に「現代語では使われていない古語」「現代語にもあるが、現代とは意味が異なる古語」は頻出である。「内容理解」は、ただ読んだだけでは理解しづらい箇所からの出題が多い。省略されている主語などを補いながら、あらすじをおさえる練習を重ねることが大切である。

反復練習や、丁寧な読解で解ける問題は、絶対落とすな!!

基本的な言語事項に関する問題は、正答率が90パーセントを超えるものも少なくない。こういった問題は絶対に落とすことがないよう、反復練習をして完全に定着させておきたい。現代文では、下の例題であげているような、落ち着いて文章を読めば正解にたどり着ける問題でミスをしないこと。本書でしっかり学習し、問題の解き方、ミスの防ぎ方を身につけよう。古文では、歴史的かなづかいを現代かなづかいに直す問題は確実に解けるようにしておくこと。正答率の高い問題が多く、ここでの失点は大きな差となってしまうので、注意が必要である。

出題例　**本文：44ページ　正答率：66%**

次の文章を読んで、あとの問いに答えなさい。

他人の哲学を研究し理解することは、哲学をするのとはぜんぜんちがう種類の仕事である。

哲学というものは、最初の第一歩から、つまり哲学なんてぜんぜん知らないうちから、何のお手本もなしに、自分ひとりではじめるのでなければ、けっしてはじめることができないものなのだ。つまり、哲学の勉強をしてしまったら、もうおそいのだ。勉強は哲学の大敵である。

（永井均「〈子ども〉のための哲学」より）

問い　――線部「勉強は哲学の大敵である」とあるが、筆者がそのように考える理由として、最も適当なものを次の中から一つ選び、その記号を答えなさい。

ア　他人の哲学についてたくさんの知識を得たことで、かえってだれの哲学を信じればよいか、わからなくなるから。

イ　他人の哲学を理解しようとすることで、自分ひとりの素朴な疑問から、哲学をはじめることができなくなるから。

ウ　たくさんの有名な哲学者の中から、自分によく似た考えのひとを見つけるのは、とてもむずかしいことだから。

エ　他人の哲学は、ほとんどがつまらないものであり、おもしろいと思っても、自分と考え方が似ているだけだから。（宮崎県）

一字漢字の読み方

例題

次の――線部の漢字の読みがなを書きなさい。

正答率

正答率	問題	出典
絶対落とすな!! 98%	(1) 様々な要素が極めて複雑に作用する。	(山形県)
絶対落とすな!! 98%	(2) 仕事仲間からただで譲り受けてきた。	(秋田県)
絶対落とすな!! 97%	(3) 凍える手に息を吹きかける。	(青森県)
絶対落とすな!! 95%	(4) 言語によって、痛みを訴える。	(福島県)
絶対落とすな!! 95%	(5) 息子について思いを巡らす。	(秋田県)
絶対落とすな!! 91%	(6) 気が紛れる。	(栃木県)
絶対落とすな!! 86%	(7) 私と同じように、この木を仰いだ。	(新潟県)
74%	(8) 梢《こずえ》が半ば透いてみえていた。	(北海道)
72%	(9) 科学技術の進歩が著しい。	(宮城県)
71%	(10) 来月市民マラソン大会を催す。	(青森県)

解き方・考え方

●問題をどう解くか

漢字の訓読みを覚えるときに、その漢字を使った熟語とセットにして覚えておくとよい。漢字の持つ意味がよくわかるようになり、問題が解きやすくなる。**(1)**「極」を使った熟語には、「極端」「極限」などがある。**(4)**「訴」を使った熟語には、「告訴」「起訴」などがある。**(8)**「透」を使った熟語には、「透明」「透視」などがある。

●ミスをどう防ぐか

解答は――線部のみ答えること。**(3)**「こごえる(える)」のように、送りがなの部分を解答に含めてしまわないように注意しよう。読み全体のどの部分が送りがなになるのか、覚えておこう。

解答

(1) きわ　(2) ゆず　(3) こご　(4) うった　(5) めぐ　(6) まぎ　(7) あお　(8) す　(9) いちじる　(10) もよお

入試必出! 要点まとめ

一字漢字の読み方のポイント

① 漢字の訓読みは、「その漢字を使った熟語」とセットにして覚える。

例 闘ったり、逃げだしたりする。(長野県)

覚えるときに、辞書などを使って、「闘」という漢字を使った熟語(「闘牛」、「闘争」など)も一緒に覚えるとよい。

② 訓読みが二つ以上ある漢字は、まとめて覚える。

例・英単語を覚える。

・朝七時に目を覚ます。

一字漢字の書き方でも頻出。整理して覚えておくことが得点アップにつながる。

実力チェック問題

解答・解説　別冊 P. 1

1

絶対落とすな!! 97~99%

次の──線部の漢字の読みがなを書きなさい。

- 99% (1) 晴れた日は、洗濯物がよく乾く。（宮城県）
- 98 (2) 慌てて布団《ふとん》をかぶった。（長崎県）
- 98 (3) 曇った窓ガラス。（岡山県）
- 98 (4) 情報の量が圧倒的に違う。（長野県）
- 98 (5) 冬の夜空に満天の星が輝く。（東京都）
- 97 (6) 教室の床を拭く。（滋賀県）
- 97 (7) 柔らかな日差し。（栃木県）
- 97 (8) 心が弾む。（栃木県）

2

絶対落とすな!! 90~96%

次の──線部の漢字の読みがなを書きなさい。

- 96% (1) のどを潤す。（栃木県）
- 96 (2) 勉強に励む。（栃木県）
- 95 (3) 医者が患者を診る。（山梨県）
- 95 (4) 雲が山の頂を覆う。（千葉県）
- 94 (5) 結論及びそう考える理由。（広島県）
- 94 (6) 包丁を研ぐ。（鹿児島県）
- 93 (7) 畑を耕して野菜をつくる。（長野県）
- 92 (8) しばらくは喜びに浸っていたい。（宮城県）
- 91 (9) 川が二つの町を隔てる。（千葉県）
- 90 (10) 無理な要求を拒む。（山梨県）

3

72~88%

次の──線部の漢字の読みがなを書きなさい。

- 88% (1) 元旦には近くの神社に詣でる。（青森県）
- 84 (2) 決勝進出をかけて背水の陣を敷く。（神奈川県）
- 84 (3) 学問を究める。（愛媛県）
- 82 (4) 自然から学び、自然に報いる。（滋賀県）
- 81 (5) 苦難の末、目的を遂げた。（青森県）
- 80 (6) 校庭の芝生で憩いのひと時を過ごす。（東京都）
- 79 (7) 定められた寸法で布地を裁つ。（宮城県）
- 78 (8) 趣向を凝らす。（愛媛県）
- 73 (9) 経験に乏しい。（千葉県）
- 72 (10) 新しい任地へ赴く。（宮崎県）

4

51~69%

次の──線部の漢字の読みがなを書きなさい。

- 69% (1) 道幅が狭まる。（栃木県）
- 69 (2) 緩やかな川の流れ。（千葉県）
- 65 (3) 式典は滞りなく終わった。（青森県）
- 65 (4) 彼を疑うとは誤解も甚だしい。（青森県）
- 64 (5) 試合運びが粗い。（埼玉県）
- 60 (6) 服の破れを繕う。（宮崎県）
- 60 (7) 宵のうちまで雨が降る。（山梨県）
- 57 (8) 昔は活気があった町もすっかり廃れてしまった。（大分県）
- 53 (9) 合唱の指揮を執る。（高知県）
- 51 (10) 煩わしい問題を一つずつ解決する。（青森県）

一字漢字の書き方

例題

次の――線部のかたかなを漢字で書きなさい。

正答率

(1) 90%（絶対落とすな!!）　しばし目をトじる。（新潟県）

(2) 87%（絶対落とすな!!）　湖は一面アツい氷にとざされた。（青森県）

(3) 85%（絶対落とすな!!）　比較的ヤサしい問題から解く。（青森県）

(4) 82%（絶対落とすな!!）　争点を明らかにして公平にサバく。（青森県）

(5) 81%（絶対落とすな!!）　舞台のマクが上がる。（山形県）

(6) 76%　ごま油を二、三滴タらす。（青森県）

(7) 76%　白鳥の飛来が冬のおとずれをツげる。（東京都）

(8) 68%　句集で句のヒロい読みをする。（秋田県）

(9) 66%　ヒタイほどの庭。（北海道）

(10) 59%　校庭の鉄棒でサカ上がりをする。（千葉県）

解き方・考え方

●問題をどう解くか

一字漢字の書き問題が解けないときは、「似た意味の言葉や熟語」「反対の意味の言葉や熟語」をヒントにするとよい。(1)「トじる」は、反対の意味の「開ける」をヒントにする。ここから、「(ドアの)開閉」や、「開会式」「閉会式」といった熟語を思い浮かべよう。(3)「ヤサしい問題」は「難しい問題」をヒントにする。ここから、「ヤサしい」は「優しい」ではなく、「難」の反対の「易」を使うのだという見当をつけられる。

●ミスをどう防ぐか

部首の持つ意味を知っておくと、形の似たほかの漢字と区別できる。(5)「幕」には「募」「暮」などの形の似た漢字があるが、部首の「巾」が「布」を意味することを覚えておくと、「『マク』だから『布』の意味を持つ『幕』」を書くのだと見当をつけられる。

解答

(1) 閉　(2) 厚　(3) 易　(4) 裁　(5) 幕　(6) 垂　(7) 告　(8) 拾　(9) 額　(10) 逆

入試必出！ 要点まとめ

一字漢字の書き方のポイント

① 問われている言葉と同じ意味の熟語をヒントにする。

例 仕事にツく。

「仕事にツく」意の「就職」という熟語が手がかりになる。ここから、「着く」ではなく「就く」と書くとわかる。

② 部首の意味をヒントにする。

例 日はとっぷりとクれていた。

太陽と関係があることなので、「募」や「幕」ではなく、部首が「日」の「暮」を用いると考えることができる。

実力チェック問題

解答・解説 別冊 P. 1

1

絶対落とすな!! 90~96%

次の――線部のかたかなを漢字で書きなさい。

- ☐ 96% (1) 友だちを陰ながらササえる。(山形県)
- ☐ 96 (2) 飲み物をヒやす。(栃木県)
- ☐ 95 (3) 将来のユメを語り合う。(東京都)
- ☐ 95 (4) 繰りカエし映画が上映される。(広島県)
- ☐ 95 (5) 友達の年賀状がトドく。(山梨県)
- ☐ 94 (6) 意味をツタえる。(岐阜県)
- ☐ 92 (7) 自然の香りがユタかだ。(新潟県)
- ☐ 92 (8) 布を赤くソめる。(山梨県)
- ☐ 90 (9) 一定の温度をタモつ。(滋賀県)

2

絶対落とすな!! 80~89%

次の――線部のかたかなを漢字で書きなさい。

- ☐ 89% (1) 世界にほとんどレイを見ない。(滋賀県)
- ☐ 89 (2) 朝日が山頂をテらす。(福島県)
- ☐ 89 (3) たねからメが出る。(山形県)
- ☐ 88 (4) シタしい友人に手紙を書く。(宮城県)
- ☐ 88 (5) のびのびとエダを広げる。(新潟県)
- ☐ 87 (6) 金魚鉢の中でメダカをカう。(青森県)
- ☐ 81 (7) 友人に本をカりる。(福島県)
- ☐ 80 (8) 畑の雑草を取りノゾく。(福島県)
- ☐ 80 (9) 雨のフるような流れの音。(岐阜県)

3

71~79%

次の――線部のかたかなを漢字で書きなさい。

- ☐ 79% (1) 弓で的をイる。(宮城県)
- ☐ 79 (2) 毛糸で手袋をアむ。(岐阜県)
- ☐ 78 (3) 多くの時間と労力をツイやす。(福島県)
- ☐ 77 (4) 海岸にソって線路が続く。(青森県)
- ☐ 76 (5) 銀行にお金をアズける。(長野県)
- ☐ 74 (6) 世界平和を口々にトナえる。(宮城県)
- ☐ 72 (7) 人気作家として注目をアびる。(埼玉県)
- ☐ 72 (8) 雪のふりツむ音。(滋賀県)
- ☐ 71 (9) 音楽を聴くと心がナゴむ。(千葉県)
- ☐ 71 (10) 友人に手をカす。(栃木県)

4

53~67%

次の――線部のかたかなを漢字で書きなさい。

- ☐ 67% (1) 話し合いの場をモウける。(山形県)
- ☐ 67 (2) そんな気持ちをカカえたまま歩く。(岐阜県)
- ☐ 65 (3) 足りないものをオギナう。(愛媛県)
- ☐ 64 (4) 木の太いミキに両手を回してみる。(宮城県)
- ☐ 60 (5) タワラに米を入れる。(山梨県)
- ☐ 56 (6) ふりかかる火のコを払う。(青森県)
- ☐ 55 (7) 堂々とした姿で開会式にノゾむ。(青森県)
- ☐ 55 (8) 必要のない説明はハブく。(鹿児島県)
- ☐ 54 (9) ごはんをムらす。(千葉県)
- ☐ 53 (10) むねに希望をヤドす。(愛媛県)

二字熟語の読み方

例題

次の——線部の漢字の読みがなを書きなさい。

正答率

(1) 厳密な意味で人の心を読めるのは人間だ。（長野県）　絶対落とすな!! 97%

(2) 現在の状況をしっかりと把握する。（神奈川県）　絶対落とすな!! 97%

(3) 粗末な仕事着。（北海道）　絶対落とすな!! 95%

(4) 膨大な知識を集める。（秋田県）　絶対落とすな!! 94%

(5) 提案の理由を詳細に説明する。（宮城県）　絶対落とすな!! 84%

(6) バスの車窓から山々を望む。（東京都）　絶対落とすな!! 82%

(7) 図書室で資料を閲覧する。（千葉県）　絶対落とすな!! 80%

(8) 輸入制限を緩和する。（埼玉県）　75%

(9) 試験勉強の成果が顕著に表れた。（青森県）　73%

(10) 東西の代表チームが雌雄を決する。（青森県）　51%

解き方・考え方

●問題をどう解くか

どうしても読めない漢字は、まず、文脈から予想してみよう。(2)「現在の状況」を「しっかり」どうするのかに着目すれば、「把握」は「理解する」といった意味の言葉だとわかる。

意味が予想できたら、——線部の漢字に、どちらか読めるものがないかを考える。

——線部の言葉の意味と、読める漢字をヒントに、自分の言葉の知識を駆使して、読み方を考えよう。

●ミスをどう防ぐか

(6)「窓」を用いたほかの熟語を思い浮かべる。「同窓会」は「どうそうかい」と読むことから、「窓」は「そう」と読む、と見当をつけられる。

解答

(1) げんみつ　(2) はあく　(3) そまつ　(4) ぼうだい　(5) しょうさい　(6) しゃそう　(7) えつらん　(8) かんわ　(9) けんちょ　(10) しゆう

入試必出!・要点まとめ

二字熟語の読み方のポイント

二字熟語の読み方を覚えるときは、意味をセットにして覚えておくと、同じ漢字を用いたほかの問題を解くときのヒントになる。

例 ① きちょうめんなのは山口君の性分だ。
② 山口君は凝り性な人だ。
③ 山口君はあがり性で、人前で上手に話ができない。

「性分(しょうぶん)」の読み方を覚えるとき、「生まれつきの性質」という意味もおさえておく。②「凝り性」、③「あがり性」も、人の性質を表す言葉である。よって、もし②③の「性」の読み方を知らなくても、「凝り性(しょう)」「あがり性(しょう)」と読むのだと見当をつけられる。

解答・解説 別冊 P. 1

1

絶対落とすな!! 90~99%

次の——線部の漢字の読みがなを書きなさい。

99% (1) チームメイトに拍手を送る。（福島県）

99 (2) 納得できるまでチャレンジする。（岐阜県）

99 (3) 学校生活を満喫する。（埼玉県）

97 (4) 爽快な気分になる。（栃木県）

95 (5) 形が貧弱だ。（奈良県）

94 (6) 好奇心が旺盛だ。（山梨県）

93 (7) 大脳右半球に偏在する。（秋田県）

93 (8) はがきに宛先を書く。（岐阜県）

90 (9) 俊敏に動き回り、生活する。（秋田県）

2

絶対落とすな!! 80~89%

次の——線部の漢字の読みがなを書きなさい。

89% (1) 潜在能力は十全に発揮される。（岐阜県）

87 (2) ボランティア活動で地域に貢献する。（神奈川県）

86 (3) 演奏会の余韻を楽しむ。（宮城県）

86 (4) 勝利の栄冠を手にする。（東京都）

83 (5) わらで作った草履。（栃木県）

81 (6) 投票で全校生徒に賛否を問う。（神奈川県）

80 (7) 感慨がわく。（大阪府）

80 (8) 準備は万端だ。（北海道）

80 (9) 太陽光発電の研究を奨励する。（青森県）

3

66~78%

次の——線部の漢字の読みがなを書きなさい。

78% (1) 研磨したように透明に輝く。（新潟県）

76 (2) 行事の趣旨を説明する。（山梨県）

75 (3) 他校の生徒会役員を招いて懇談する。（東京都）

73 (4) 原油の価格が高騰する。（千葉県）

72 (5) 商品を卸値で売る。（青森県）

70 (6) 認識できないことを示唆する。（佐賀県）

69 (7) お手本を模倣する。（滋賀県）

68 (8) 転勤のためこの地方に赴任した。（高知県）

67 (9) 家族の安泰を祈願する。（青森県）

66 (10) 卒業式で校歌を斉唱する。（山梨県）

4

52~65%

次の——線部の漢字の読みがなを書きなさい。

65% (1) 足のけがは完全に治癒した。（埼玉県）

63 (2) 会議が円滑に進む。（栃木県）

61 (3) 為替相場の変動を調べる。（青森県）

60 (4) 寸暇を惜しんで楽器の練習に励む。（神奈川県）

60 (5) 作文の添削をお願いする。（青森県）

59 (6) ことばの組成を調べる。（長野県）

58 (7) 簡便な方法を試した。（北海道）

56 (8) 水草が繁茂する。（愛媛県）

53 (9) 所有者の許諾を得る。（青森県）

52 (10) 伝統的な舞踊を習う。（埼玉県）

二字熟語の書き方

例題

次の――線部のかたかなを漢字で書きなさい。

正答率

(1) 一人一人のコセイを大切にする。（宮城県）　絶対落とすな!! 90%

(2) 星空をニクガンで見る。（山形県）　絶対落とすな!! 86%

(3) 作物にヒリョウを与える。（山形県）　絶対落とすな!! 81%

(4) 優勝のカンゲキに浸る。（宮城県）　絶対落とすな!! 81%

(5) 貝塚を調べたケイケンがあった。（北海道）　絶対落とすな!! 80%

(6) 文化的なハイケイがある。（秋田県）　79%

(7) キボが大きく、強力になる。（秋田県）　72%

(8) 心とはウラハラなことを言う。（青森県）　68%

(9) 台風でハソンした屋根を修理する。（山形県）　67%

(10) よりセイミツな制御が必要だ。（秋田県）　65%

解き方・考え方

●問題をどう解くか

前後の言葉から答えの見当をつける。(2)「星空を」と「見る」より、「望遠鏡などを使わず、じかに見ること」を表す「肉眼」が答えだと見当をつける。(9)「台風で」と「修理する」より、「破れたりこわれたりすること」を表す「破損」が答えだと見当をつける。言葉の意味を知っていると見当をつけやすいので、わからない言葉は辞書を引いて調べておこう。

●ミスをどう防ぐか

(1)「コセイ」の意味を知っていると、「個人の性質だから『個性』」と確実に答えることができる。(6)「ハイケイ」の意味を知っていると、漢字に直すときに「背後の景色だから『背景』」と確認しながら答えることができる。

解答

(1) 個性　(2) 肉眼　(3) 肥料　(4) 感激　(5) 経験　(6) 背景　(7) 規模　(8) 裏腹　(9) 破損　(10) 精密

入試必出！ 要点まとめ

二字熟語の書き方のポイント

言葉とその意味をセットで覚えておくと、書き間違いは少なくなる。

例 大学教授のコウエンを聴きに行く。

「コウエン」と読む熟語には「講演」「公演」「公園」などがあり、――線部だけでは、答えが判断できない。しかし「講演」が「大勢の前で話をすること」という意味であるとわかっていれば、文意から正解を導き出すことができる。

このような「同じ読み方をするが、漢字が異なる」ものは入試で頻出するため、意識して覚えておくようにしよう。例文をまとめて覚えてしまうのが、最も効果的である。

実力チェック問題

解答・解説 別冊 P. 2

1

絶対落とすな!! 90~97%

次の――線部のかたかなを漢字で書きなさい。

- 97% (1) エイガの一シーンのようだ。（岡山県）
- 95 (2) 新鮮なギュウニュウを飲む。（東京都）
- 93 (3) 様々なシュルイの模様を見る。（新潟県）
- 91 (4) 電車の到着時刻のジョウホウ。（広島県）
- 90 (5) 地下にあるシゲンを活用する。（福島県）
- 90 (6) スキー場のシュウヘンを散策する。（新潟県）
- 90 (7) 観客の顔を、容易にソウゾウできる。（広島県）
- 90 (8) 現物をチョクセツ見る。（滋賀県）

2

絶対落とすな!! 81~89%

次の――線部のかたかなを漢字で書きなさい。

- 89% (1) ショウグンの職に就き幕府を開く。（山梨県）
- 89 (2) ウチュウから青い地球を眺める。（山梨県）
- 87 (3) 親のザイサンを受け継ぐ。（山梨県）
- 85 (4) 新しい校舎をケンチクする。（福島県）
- 82 (5) オリンピック会場にセイカがともる。（山梨県）
- 82 (6) 藻がスイチョクにたっていた。（広島県）
- 82 (7) 議題をテイアンする。（長野県）
- 82 (8) 個人的なヨクボウをぶつける。（秋田県）
- 81 (9) 二日間、旅行で家をルスにした。（宮崎県）
- 81 (10) バスのシャソウから景色を眺める。（青森県）

3

66~75%

次の――線部のかたかなを漢字で書きなさい。

- 75% (1) シュクシャク五万分の一の地図。（千葉県）
- 75 (2) 予想以上にフクザツな問題だ。（福島県）
- 74 (3) テレビがコショウした。（栃木県）
- 74 (4) 人工エイセイの打ち上げ。（大阪府）
- 69 (5) 毎日欠かさず掃除《そうじ》をし、部屋をセイケツに保つ。（東京都）
- 68 (6) 物資を人々にハイキュウする。（愛媛県）
- 68 (7) 図書委員長としてのセキムを負う。（宮城県）
- 66 (8) 飛行機のモケイを作る。（滋賀県）
- 66 (9) 拾ったサイフを交番に届けた。（青森県）
- 66 (10) 自然のエンソウする音楽。（新潟県）

4

51~65%

次の――線部のかたかなを漢字で書きなさい。

- 65% (1) ジュクレンした技能。（栃木県）
- 60 (2) ベンロン大会で優勝する。（滋賀県）
- 59 (3) 世界最高峰のトウチョウに成功した。（高知県）
- 59 (4) 結婚式にショウタイされる。（栃木県）
- 58 (5) 新商品を紹介するためにテンジする。（神奈川県）
- 54 (6) カモツ列車で運ぶ。（長野県）
- 54 (7) 登山に向けてメンミツな計画を立てる。（埼玉県）
- 53 (8) ホンリョウを発揮する。（長野県）
- 51 (9) 学級イチガンとなって取り組む。（青森県）
- 51 (10) 道路をチュウヤの別なく車が行き交う。（東京都）

漢字の知識・書写

例題

正答率　絶対落とすな!!　(1) 86%　(2) 79%

次の各問いに答えなさい。

(1) 次の行書で書かれた漢字を楷書で書いたとき、総画数の最も多いものを、次のア～エから一つ選び、記号で答えなさい。

ア 編　イ 補　ウ 閣　エ 筋

(宮城県)

(2) 次の行書で書かれた漢字のうち、楷書で書く場合と比べて、点画が省略されているものを、次のア～エから一つ選び、記号で答えなさい。

ア 春　イ 夏　ウ 秋　エ 冬

(宮城県)

解き方・考え方

●問題をどう解くか

(1) ア～エの部首が、それぞれ何であるかがわかると総画数も出しやすくなる。アは「編」で十五画、イは「補」で十二画、ウは「閣」で十四画、エは「筋」で十二画であるので、正解はアとなる。(2) ウは「へん」の部分に省略が見られる。選択肢の一つ一つを楷書で書き、比べてみるとよい。

●ミスをどう防ぐか

行書で書いた漢字を見て、部首は何かを答えられるようになろう。また、行書を楷書に直したあと、総画数は何画かを問う問題が多く見られる。漢字の正しい筆順や総画数も、こつこつ学習して覚えておこう。

解答

(1) ア　(2) ウ

入試必出！ 要点まとめ

漢字の書写のポイント

入試でよく出題されるのは「楷書」と「行書」である。
「楷書」は、点画を崩さずに正確に書かれた文字のことである。
「行書」は、楷書の点画を、ある程度続けた文字のことである。

例

楷書		行書
木	→	木
文	→	文

入試では、右の例のような、行書の点画が続いていたり、省略されていたりすることに関する問題がよく出題される。行書の字を楷書の字に書き換えた上で問題を解くとよい。

実力チェック問題

解答・解説 別冊 P. 2

1

次の六字は、行書で書かれている。――線部a、bの漢字について、あとの(1)、(2)の問いに答えなさい。

水泳大会当日

（a：泳　b：日）

74%

(1) 次のア～エの漢字は、それぞれ行書で書かれたものである。楷書で書いたときの総画数が、――線部aの漢字を楷書で書いたときの総画数と同じになるものを、ア～エの中から一つ選び、記号で答えなさい。

ア 討　イ 林　ウ 均　エ 祖

68%

(2) 行書で書かれた字には、楷書で書かれた字とは異なるさまざまな特徴がある。――線部bの漢字についても、「折れ」と「横画」の部分に、それぞれ行書の特徴が表れている。その特徴を、「折れ」「横画」という二つの言葉を使って、書きなさい。

（山形県）

2

73%

次の行書で書かれた漢字を楷書で書くとき、総画数が同じ漢字を、あとのア～エから一つ選び、その記号を書きなさい。

法

ア 建　イ 粉　ウ 姉　エ 位

（高知県）

3

絶対落とすな!! 82%

次のaをbのように書き直したときの説明として、最も適当なものを、後のア～エから一つ選び、記号で答えなさい。

a 衣冠を正す → b 衣冠を正す

ア 仮名の中心を行の中心からずらし、漢字はやや大きめに書いた。
イ 仮名の中心を行の中心に合わせ、漢字は筆脈を意識せず書いた。
ウ 行書で書かれた漢字を楷書に直し、仮名は太く直線的に書いた。
エ 楷書で書かれた漢字を行書に直し、仮名はやや小さめに書いた。

（宮崎県）

4

絶対落とすな!! 80%

次の――線部の漢字を楷書で書くとき、総画数を答えなさい。

秩序を維持する

（鹿児島県）

5

56%

継は、楷書の継を行書で書いたもので、筆順が変化している。このように、楷書のときとは筆順が変化している行書の漢字を、次のア～エのうちから一つ選び、その記号を書きなさい。ただし、楷書については、小・中学校の教科書にある筆順とする。

ア 光　イ 球　ウ 花　エ 染

（千葉県）

熟語の構成

例題

正答率 (1) 82% (2) 80% 絶対落とすな!!

次の各問いに答えなさい。

(1) 「倉庫」と同じ組み立て(構成)になっている熟語(漢語)を、次のア～エの中から一つ選び、その記号を書きなさい。

ア 意志　**イ** 船出　**ウ** 投球　**エ** 早春

(埼玉県)

(2) 「競技会」と同じ組み立ての熟語を、次のア～エから一つ選び、その記号を書きなさい。

ア 新学期　**イ** 造船所

ウ 無意識　**エ** 衣食住

(高知県)

解き方・考え方

●問題をどう解くか

熟語の構成(組み立て)は、その熟語を作る一つ一つの漢字の意味から考える。**(1)**「倉」も「庫」も「ものをしまっておくところ」の意味を持つ。つまり「倉庫」は、同じ意味の漢字を重ねた熟語である。**(2)**「競技会」とイの「造船所」は、「競技」が「会」を、「造船」が「所」を修飾している。「衣食住」は一字ずつが対等の関係である。

●ミスをどう防ぐか

(1)熟語の意味と、漢字それぞれの意味をとらえ、それを比べながら熟語の構成を考えるとよい。たとえば、ウ「投球」は「球を投げる」という意味の熟語である。ここから、「投球」という熟語は、下の漢字が上の漢字の目的語となっていることがわかる。

解答

(1) ア　**(2)** イ

入試必出! 要点まとめ

熟語の構成(組み立て)

① 同じ意味の漢字を重ねたもの　例 温暖　出発　価値
② 反対の意味の漢字を重ねたもの　例 明暗　強弱　売買
③ 上下が主語と述語の関係のもの　例 県立　地震　人造
④ 上の字が下の字を修飾するもの　例 外国　美人　豪雨
⑤ 下の字が上の字の目的語になるもの　例 登山　帰国
⑥ 上の字が下の字の接頭語になるもの　例 不眠　無人
⑦ 下の字が上の字の接尾語になるもの　例 酸性　知的
⑧ 長い語句の省略　例 入試(入学試験)　特急(特別急行)
⑨ 同じ漢字を重ねたもの　例 人々　少々

実力チェック問題

解答・解説　別冊 P. 2

1　77%

「大事」と同じ構成(上の漢字と下の漢字との関係)になっている熟語を、次のア～エのうちから一つ選び、その記号を書きなさい。

ア 蓄積　イ 在庫　ウ 保存　エ 重点

(福岡県)

2　絶対落とすな!! 84%

次のア～エの中から、「握手」と同じ構成の熟語を一つ選び、記号で答えなさい。

ア 創造　イ 越境　ウ 速報　エ 禍福

(静岡県)

3　62%

「存在」と、熟語の組み立て(構成)が同じものを、次のア～エの中から一つ選び、記号で答えなさい。

ア 日没　イ 計画　ウ 未来　エ 往復

(山形県)

4　65%

次のア～エの中から、熟語の成り立ちがほかと異なるものを一つ選び、その記号を書きなさい。

ア 校庭　イ 表面　ウ 光沢　エ 酸味

(青森県)

5　75%

熟語の構成が他と異なるものを、ア～オの中から一つ選びなさい。

ア 愛好　イ 表現　ウ 身体
エ 直接　オ 創造

(福島県)

6　絶対落とすな!! 92%

「多種類」は、語の構成の仕方から「多」と「種類」に分けられる。次のア～エのうち、「多種類」と同じ構成の熟語を選び、記号で答えなさい。

ア 食生活　イ 氷河期
ウ 世界的　エ 記念物

(北海道)

7　絶対落とすな!! 81%

「有意義」と同じ組み立ての熟語を、次のア～エから一つ選び、その記号を書きなさい。

ア 好都合　イ 自主的　ウ 松竹梅　エ 向上心

(高知県)

8　絶対落とすな!! 86%

次の〔　〕の中の熟語の上には、打ち消しの意味を持つ共通の語がつく。その語を漢字一字で書きなさい。

〔 常識　公開　合法 〕

(栃木県)

9　56%

「鮮明」に否定を表す漢字一字がついた三字の熟語を書きなさい。

(奈良県)

熟語の知識・ことわざ・慣用句・故事成語

例題

正答率 63%

次の各文中の――線をつけた四字熟語の使い方が正しくないものを、ア～オの中から一つ選びなさい。

ア　多くの寄付を集めるために、東奔西走する。
イ　歴史が示すとおり、盛者必衰《じょうしゃひっすい》は世のさだめだ。
ウ　花鳥風月を楽しみながら、古都を旅する。
エ　これから対策を考えるのでは、すでに時期尚早だ。
オ　リーダーの命令が朝令暮改では、混乱してしまう。

（福島県）

解き方考え方

●問題をどう解くか

四字熟語は、意味を覚えておくこと。「東奔西走《とうほんせいそう》」は「あちらこちらと忙しく駆け回ること」、「盛者必衰《じょうしゃひっすい》」は「勢いの盛んな者でも必ず衰えるときがくること」、「花鳥風月《かちょうふうげつ》」は「自然の美しい風景」、「時期尚早《じきしょうそう》」は「まだ時期ではなく早すぎること」、「朝令暮改《ちょうれいぼかい》」は「しばしば変わり、あてにならないこと」を表している。

●ミスをどう防ぐか

エは、文全体を読むと、「これから対策を考えるのでは、すでに手おくれだ。」という内容になることが予測できる。しかし、「時期尚早」は、使われている漢字から、「時期が早い」ことを表すとわかるので、使い方が正しくない。四字熟語の意味は漢字から見当をつけることもできる。

解答　エ

入試必出！　要点まとめ

語彙問題のポイント

四字熟語やことわざなどは、ただ言葉の意味を問うものより、文章の中でどのように使われているかを問う出題が多く見られる。

例

人間にとってはおもしろいしありがたいことですから、どんどん先へと進みます。科学技術は、ある意味、夢をかなえてくれる道具だったのです。

科学技術の歴史は、人間がその夢をかなえ、欲望を満たすための道具を開発してきた歴史だと言ってもいいでしょう。

（佐倉統・古田ゆかり「おはようからおやすみまでの科学」より）

問い　――線部の様子を表す四字熟語を選びなさい。

ア　縦横無尽　イ　電光石火　ウ　神出鬼没
エ　臨機応変　オ　日進月歩

正解　オ　（秋田県）

実力チェック問題

解答・解説 別冊 P. 3

1

57%

次のア～エの四字熟語のうち、〈漢字〉・〈読み方〉・〈意味〉がいずれも正しいものを一つ選び、記号で答えなさい。

	〈漢字〉	〈読み方〉	〈意味〉
ア	言語道断	げんごどうだん	あまりにひどくて何とも言いようがないこと
イ	無我無中	むがむちゅう	ある物事に熱中して自分を忘れてしまうさま
ウ	以心伝心	いしんでんしん	言葉にしなくても相手と心が通じ合うこと
エ	温故知新	おんこちしん	古い考えを捨てて新しい考えを取り入れること

（鳥取県）

2

71%

次の文を読んで、あとの問いに答えなさい。

「これが、早起きは三文の得っていうやつだ」といって笑いあっている両親を見て、かれも意味はわからないが得意になる。

（佐伯一麦「あんちゃん、おやすみ」より）

問い　「早起きは三文の得」の意味と最も対照的なものを、次のア～エから一つ選んで記号を書きなさい。

ア　習うより慣れよ　　イ　ちりも積もれば山となる

ウ　果報は寝て待て　　エ　損して得取れ

（秋田県）

3

75%

「身から出たさび」と同じ意味で用いられる熟語を、次のア～エから一つ選び、その記号を書きなさい。

ア　徹頭徹尾　　イ　粉骨砕身

ウ　自画自賛　　エ　自業自得《じごうじとく》

（高知県）

4

55%

次の――線部の慣用句のうち、使い方が適切なものを、ア～エから一つ選んで、その記号を書きなさい。

ア　彼女は気がおけない友人なので、二人でいるのは苦手だ。

イ　失言に気を付けないと、彼の二の舞を演じることになるよ。

ウ　水泳大会の直前に急に練習を始めても立て板に水で効果はない。

エ　先生が受賞されたことを他山の石として、私も研究に励みます。

（兵庫県）

5

絶対落とすな!!　82%

次のア～エの文について、――線部の故事成語を正しく用いて、文の意味が成り立っているものを一つ選び、その記号を書きなさい。

ア　蛇足を加えて、説明の足りないところを補った。

イ　彼の主張は矛盾した筋の通らないものだった。

ウ　二人の意見の間には、五十歩百歩もの違いがあった。

エ　彼女は自分の描いた風景画を推敲《すいこう》して完成させた。

（高知県）

語句の意味

語彙

例題

正答率 78%

次の文章を読んで、あとの問いに答えなさい。

流氷は豊富な栄養分をもたらし、それは大量の植物プランクトンをはぐくみます。そして、それを餌《えさ》にする魚類が豊富に生息し、海鳥類や海獣類、クジラ類などの食物連鎖を通して多くの生物がその恩恵に浴しているのです。

（中川元「世界遺産・知床がわかる本」より）

問い ——線部「恩恵に浴している」とあるが、この意味として最も適当なものを、ア～エから選びなさい。

ア 恵みを期待している
イ 恵みに飢えている
ウ 恵みに貢献している
エ 恵みを受けている

（北海道）

解き方・考え方

●問題をどう解くか

「浴する」には「入浴する」「日光などをあびる」のほかに、「よいことを身に受ける」という意味があることを知っていれば、エが答えだとわかる。

言葉の意味を正しく知っておくと、例題のような問題を解けるようになるだけでなく、文章を読み取りやすくなる。知らない言葉が出てきたら、辞書を引く習慣をつけよう。

●ミスをどう防ぐか

言葉の意味を知らなければ、選択肢を——線部に一つ一つあてはめ、最も意味が合うものを選ぶ、という解き方をしてみよう。ただし、このような問題では、一見あてはまるように思える選択肢が多いので注意が必要。

解答 エ

入試必出！ 要点まとめ

語句の意味を問う問題のポイント

語句の意味に関する出題では、例題として取り上げた「語句の意味を問う」ものだけではなく、さまざまな出題形式があるので注意しておきたい。

たとえば、ある言葉に——線を引き、似た意味を持つほかの言葉を選ぶ問題や、——線部の心情を読み取り、それを最も端的に表している言葉を選ぶ問題などである。実力チェック問題では、このような「さまざまな出題形式」の例をいくつか取り上げているので、参考にしよう。

解答・解説 別冊 P. 3

1

64%

次の文章を読んで、あとの問いに答えなさい。

つい最近、膨大な旅の資料や記録などを整理処分した。部屋の隅の方にいつそんな所に放り込んだのか記憶の片隅にも残っていないような木箱があって、そこに大小様々な古びた写真の入ったファイルがあった。まさしくそれは、私の遠い昔の旅の折々になんということもなく撮っていたものを放り込んでおいた古い写真のカタマリなのだった。

この手の片付け仕事の敵は、まさしくそんなものといきなり出くわす事態である。ほんの数枚、というつもりで開いたそれらの写真ファイルを、私はいつの間にか部屋の窓から射《さ》し込んでくる西陽《にしび》が力を弱め、もう明かりを点《つ》けなければ判別できなくなるくらいまでの長時間、じっくり、ざわざわと眺め続けていたのである。ざわざわというのは、本当にその時のなんともおさまりどころのない気分の高まりを形容してのものである。

（椎名誠「笑う風　ねむい雲」より）

問い　――線部「出くわす」の意味として最も適当なものを、次のア〜エから一つ選び、その記号を書きなさい。

ア 偶然に行きあう　**イ** 自然に思いつく

ウ 正面衝突する　**エ** 不意打ちを食う

（新潟県）

2

絶対落とすな!! 84%

次の文章を読んで、あとの問いに答えなさい。

恵子《けいこ》はトランプ占いを中断し、お盆のジュースに手を伸ばした。

「だけど、すんでしまった一日のことを占うなんて」

ばあちゃんが言いかけたら、

「うるさいね。わたしのやることにいちいち文句つけないで」

「あはは、ごめんよ」

ことばがぞんざいなのは、恵子にしてみれば気心が知れてるからだ。むろん、ばあちゃんも分かってる。

（吉本直志郎「幸福の行方」より）

問い　――線部「気心が知れてる」とほぼ同じ意味の言葉として最も適当なものを、次のア〜エのうちから一つ選び、その記号を書きなさい。

ア 気が置けない

イ 気を利《き》かせる

ウ 気が気でない

エ 気を持たせる

（千葉県）

3

絶対落とすな!! 87%

次の文章を読んで、あとの問いに答えなさい。

「ただいま」

夕方になって、ようやく清澄《きよすみ》が帰ってきた。心なしか、表情が冴《さ》えない。具合でも悪いのだろうか。

（寺地はるな「水を縫う」より）

問い　文章中に――線部「心なしか」とあるが、どのような意味で使われているか。最も適当なものを、次のア〜エから一つ選び、記号で答えなさい。

ア 気のせいかもしれないが

イ 意外だが

ウ 思った通りではあるが

エ 不本意だが

（宮崎県）

指示語問題

例題

正答率 56%

――線部「それ」の指し示す内容を本文中から二字で抜き出して書きなさい。

そのパビリオンは、入り口が二階にあり、階段を昇る造りになっていて、ふと振り返ると今まで自分が並んでいた列が動物の一筆書きのイラストになっている、というものであった。来場者はくねくね曲がりくねった導線を単なる行列の道としか思わないが、少し距離をもって上から見下ろすとなんと楽しい展示になっていたのだった。階段の上まで来た人は、自分がその展示のパーツを務めていたことや、先人たちがなぜ振り返ってにこやかになったのかの秘密がわかりとても楽しくなるのである。ここでは、展示の一部としての自分とそれを楽しむ観客としての自分という「視点の切り替え」がエンターテインメントとしてうまく使われていたのだった。

（佐藤雅彦「毎月新聞」より）

（広島県）

解き方・考え方

●問題をどう解くか

指示語の指し示す内容は、ふつう指示語よりも前の部分に書かれていることを覚えておこう。

また、指示語のある文だけを読むのではなく、指示語に関係しそうな部分全体の内容を正しく読み取る必要がある。「それを楽しむ」の内容を正確に理解するためには、「パビリオン」の様子や位置関係をきちんと理解しながら読み進めよう。

●ミスをどう防ぐか

答えになる部分を見つけたら、指示語にあてはめてみて意味が通るかどうかを確認しよう。

また、答えになりそうな部分がほかにもないか注意しよう。名詞であてはまりそうなものは、「自分」、「階段」、「秘密」などいろいろとあるので、間違えないように。

解答 展示

入試必出！ 要点まとめ

指示語の指示内容のとらえ方の手順

① 指示語を含む一文の意味をとらえ、文中での指示語の働きを理解する。

② 指示語にあてはまる言葉や内容を、指示語の前から見つける。

③ 指示語にあてはめ、意味が通るか確認する。

例 自然のままに成長した森林の価値は、それが失われつつある今だからこそより高く感じられる。

右の例文の「それ」が指している内容をとらえるときは、次の手順で考える。

① 「それ」は「失われつつある」の主語になっている。

② 「何が」「失われつつある」のかと考える。

→「それ」の指す内容は「森林」だとわかる。

実力チェック問題

解答・解説 別冊 P. 3

1

絶対落とすな!! 90%

――線部「こういう人」とあるが、どのような人を指しているか。本文中から二十四字で抜き出して書きなさい。

たとえば、飲み込みが悪く、なかなか要領よく仕事ができない人がいるなら、時間はかかってもいいから、自分で納得できるまで、引っかかっていることにとことんチャレンジさせることです。こういう人は、一度、納得すれば、きちんとそれを自分のものにして、いい仕事をするようになるものです。

（菊池恭二「宮大工の人育て」より）（岐阜県）

2

72%

――線部「もしそうだとしたらなんて素敵だろうか」とあるが、「僕」が素敵だと思っていることを、次のようにまとめた。空欄にあてはまる内容を、本文中から十五字以上、二十字以内で書き抜きなさい。

・いろいろなところに出かけて、雑誌に載っているような［　　］こと

商店街の入口《いりぐち》に着いた頃《ころ》、あたりはわずかな光に包まれていた。もっともっと写真のことを、宮坂《みやさか》の祖父に聞いてみたかった。以前から漠然と写真に興味を持っていた。一年ほど前に本屋さんでカメラ雑誌を何気なく手に取ったのが始まりだ。

雑誌のなかには外国のさまざまな風景、お祭り、人々の写真が載っていて、こんなふうに写真を撮ることが職業として成立するのだろうか、とぼんやりと思った。もしそうだとしたらなんて素敵だろうか。まるで実感も湧《わ》かないまま、僕はそんなことを夢想するようになった。

（小林紀晴「十七歳」より）（埼玉県）

3

61%

――線部「これ」とあるが、どのようなことを指し示しているか。主語を明らかにして、「こと。」へと続くように十五字以上、二十五字以内で書きなさい。

地球上での生きものの歴史を考える際に、＊エポックメイキングと呼んでよい事柄がいくつかありますが、その一つに「生きものの上陸」があります。

三十八億年前に生まれた地球最初の生命体は、その後三十三億年間ずっと海のなかにいました。今からおよそ五億年前にようやく陸へ上がりはじめたのです。考えてみればこれは当然のこと。海には、生命の維持に大切な水はたっぷりあるし、太陽から降ってくる紫外線などの有害な光線も遮ってくれますから。

なぜ生きものが陸に上がったのかよくわかりません。でも挑戦しました。生きものが上陸しなかったら人間は生まれなかったわけですし、陸に上がったからこそ生きものは多様化し、空まで飛ぶようになりました。「上陸」という出来事は、生きものにとってきわめて重要なことだったのです。

（中村桂子「私のなかにある38億年の歴史」『科学は未来をひらく〈中学生からの大学講義〉3』より）（山梨県）

（注）＊エポックメイキング＝新しい時代を開くほど画期的な様子。

接続語問題

例題

正答率 87% 絶対落とすな!!

次の文章中の□にあてはまる語の組み合わせとして、最も適切なものをあとから一つ選び、その記号を書きなさい。

和辻哲郎《わつじてつろう》はあの有名な『風土』という書物のなかで、世界の風土をモンスーン型、牧場型、砂漠型の三つに分け、砂漠型を私たちの住むモンスーン型風土の対極に置いた。そしてモンスーン型の日本人がインド洋を抜けてアラビア半島にたどりついたときの衝撃を記している。その衝撃とは、「*人間いたるところに青山《せいざん》あり」などと考えているモンスーン型日本人が、どこをどう見まわしても青山など見あたらぬ乾き切った風土に直面したおどろきだと言う。

たしかに砂漠は、青山的な私にとって衝撃そのものだった。そこにあるのはただ砂と空だけなのだから。[A]、そうした砂の世界に何日か身を置いてみると、やがて砂は私になにごとかをささやきはじめる。[B]、不思議なことに、こんどは自分が住んでいるモンスーン型の日本の風土や、そこにくりひろげられている生活が「反世界」のように思えてくるのである。

（森本哲郎「すばらしき旅」より）

（注）＊人間いたるところに青山あり＝「たとえどこで死んでも、骨を埋めるような青山はある。郷里を出て大いに活躍すべきだ」の意。（青山は「樹木が生い茂っている山」のこと。）

ア A けれども B そして
イ A つまり B ただし
ウ A そして B ただし
エ A けれども B つまり

（青森県）

解き方・考え方

●問題をどう解くか

□の前後に書かれている内容を正確におさえることが重要。[A]の前では、砂と空だけの砂漠が筆者にとって「衝撃」だったとあり、あとでは、砂が「なにごとかをささやきはじめる」とあり、前後で対立する内容が述べられている。また、[B]の前後では、同じような事柄が引き続き起こっていることを読み取る。

●ミスをどう防ぐか

① 文章の流れを正確につかむ。
② 空欄の前後の関係に最もふさわしい接続語を選ぶ。そのためには、それぞれの接続語の働きを理解しておく必要がある。
③ 問題が解けたら、ほかの接続語をあてはめてみて、意味が通らないことを確認する。

解答 ア

入試必出! 要点まとめ

接続語の種類

① 順接（前から考えられる順当な結果があとにくる）
例 だから・それで・そこで・すると・したがって・ゆえに
② 逆接（前の内容と逆になる事柄があとにくる）
例 しかし・だが・けれども・ところが・が
③ 並列・添加（同じような内容を並べたり、つけ加えたりする）
例 また・および・そして・それから・それに・なお
④ 説明・補足（前の内容を説明したり、補ったりする）
例 つまり・たとえば・ただし・なぜなら・すなわち
⑤ 転換（話題を変える）
例 さて・ところで・ときに・では
⑥ 対比・選択（異なる内容を比べたり、選んだりする）
例 または・それとも・あるいは・もしくは

実力チェック問題

解答・解説 別冊 P. 4

1

絶対落とすな!! 88%

次の文章中の□にあてはまる語の組み合わせとして、最も適切なものをあとから一つ選び、その記号を書きなさい。

かつて環境問題は、どちらかといえば自然科学系分野の問題でした。公害や生態系の破壊といった問題に対処するにはどうすればいいのか。大気汚染を減少させるには、どうすればいいのか。こういった問題には科学技術的な対応が不可欠でした。[A]、よく考えてみると、環境問題に対処する策を判断する際に重要なのは、私たちにとって自然はどうあるべきなのかという思想的判断であり、またそのような判断を下すには、人類はいったい過去どんなふうに自然と付き合ってきたのかという歴史的な知識が必要です。一般に環境思想とか環境哲学、環境倫理学、および環境歴史学といった*人文社会系の学問分野が、最近盛んになっている背景にはこういう理由があります。

一九九〇年代以降、「地球環境問題」という言い方が強調されるようになりました。それは、もはや環境問題が局所的な問題ではなく、グローバルな問題であると認識されるに至った証拠です。[B]、エコロジー＝生態学という学問は、そもそも「関係の学」とでもいうべきもので、ある部分だけに局所的な治療を施せばいいという発想を根本的に疑う考え方だからです。

（野田研一「自然を感じるこころ――ネイチャーライティング入門」より）

（注）＊人文社会系の学問分野＝人文科学・社会科学のこと。例えば、文学・哲学・思想・倫理学・歴史学・法律学・政治学・経済学などを指す。

ア A また　B したがって
イ A さて　B そして
ウ A しかし　B なぜなら
エ A つまり　B むしろ

（栃木県）

2

絶対落とすな!! 82%

次の文章中の□にあてはまる語の組み合わせとして、最も適切なものをあとから一つ選び、その記号を書きなさい。

考えてみると、地球上に現存する動物たちはすべて、その生命誕生以来何十億年の間過酷な環境に耐え、「自分だけは！」と生き残ってきたものたちの子孫である。利己的でなければ生き延びられない。ヒトも例外ではない。[A]、一方、何十億年も生き延びるには子を産み育てるなど、利他行為も当然必要である。[B]、この二つのバランスがとれた種のみが生き延びてきたのだろう。したがって、二つの行動は本能として動物たちに刻み込まれている。

（柳澤嘉一郎「コウモリでも知っている」〈文藝春秋 SPECIAL 08年季刊冬号「新人生読本」所収〉より）

ア A なぜなら　B あるいは
イ A さらに　B ところが
ウ A だから　B むしろ
エ A しかし　B おそらく

（愛媛県）

3

絶対落とすな!! 90%

次の文章中の□に入る言葉は何か。次のアからエまでの中から最も適当なものを一つ選び、その記号を書きなさい。

建物の中で暮らしていれば、建物の存在を感じられないように、自然の一部である日本人にとって「自然」とは、ごく身の周りにあって認識できないものであった。だからこそ、日本には「ネイチャー」を意味する言葉がなかったのである。

□、日本には「天地《あめつち》」という言葉はあった。天地は、人の住む世界だけを表す言葉ではない。すべての生物が天と地の間に住まっている。

（稲垣栄洋「雑草が教えてくれた日本文化史」より）

ア ただし　**イ** なぜなら　**ウ** さらに　**エ** つまり

（山梨県）

内容理解問題 ①

例題

正答率 90% 絶対落とすな!!

次の文章を読んで、あとの問いに答えなさい。

木というのは、山の南側、北側、谷、峰など育つ場所によって、同じ種類の木でも成長や材質に違いが出てきます。生育環境の違いによって、右にねじれたり左にねじれたり、*節が多かったり少なかったり、柔らかかったり硬かったりと、それぞれに異なった特性を持つようになります。山の木は一本一本みな違います。これを「木癖《きぐせ》」と言います。

（菊池恭二「宮大工の人育て」より）

（注）＊節＝幹から枝が出るところ。また、その枝の出た跡。

問い ——線部「山の木は一本一本みな違います」とあるが、それはどのようなことが原因か。本文中から最も適切な部分（七字）を抜き出して書きなさい。

（岐阜県）

解き方・考え方

●問題をどう解くか

木が一本一本違う理由を読み取る。具体的には、冒頭の文で、同じ種類の木であっても「育つ場所」によって違いが出てくると説明されている。

「木癖」を生み出すのは、「育つ場所」なので、同じ意味を表している七字の語句を探せばよい。

このように、言い換えられている語句や要約されている語句はよく問われるので、注意しよう。

●ミスをどう防ぐか

説明的文章では、各段落の内容を追いながら、同じ意味を表している語句をマークしていくとよい。文学的文章では、人物の心情の変化をたどれる語句に注意しながら読み進めていく。

いずれにしても、繰り返される内容は、重要な意味を持っていることを覚えておきたい。

解答 生育環境の違い

入試必出！ 要点まとめ

説明的文章の内容理解のポイント

① 各段落の「要点」を読み取る。

↓「その段落で筆者が言いたいこと」を「要点」という。段落の内容がまとめられている文（一文とは限らない）を見つけ、それをもとに要点を考えると、読み取りやすい。

② 「要点」をもとに、問いを考える。

↓説明的文章では、何らかの形で要点に関わる問題が出題されていることが多い。——線が引かれている段落だけではなく、前後の段落の要点や、さらに、すべての段落の要点を頭に入れ、——線部は文章全体の中でどのような役割を果たしているのかを考えながら、問題を解こう。

解答・解説 別冊 P. 4

1

次の文章を読んで、あとの問いに答えなさい。

以前、興味深い話を聞きました。鉄筋コンクリート造《づくり》の団地で生まれ育った小学生がはじめて田舎にある旧来の日本家屋に行ったときの話です。瓦屋根《かわらやね》の下、縁側に寝そべり、庭や遠くの山並《やまな》みを見ながら彼はこう言ったそうです。〝懐《なつ》かしいね〟と。彼にとってみれば未知の新しい場所なのですが、すでに体験したことのある場所のように感じているかのようです。それはDNAに刷りこまれた風景なのか、あるいは幼少期に見聞きした日本昔話の絵本の画がずっと頭にあったからなのかわかりませんが、いずれにせよ琴線《きんせん》に触れる、情感溢《あふ》れた実体的な場所に出会うことで記憶《きおく》の回路がつながったのではないでしょうか。

ポルトガルに旅行したことがあります。はじめて行く国、はじめて行く場所だったのですが、そこで見た風景や人の営為《えいい》はとても〝懐かしい〟と感じたのです。これも自分の中に潜在的にあった記憶の断片のようなものがつながったからでしょう。かつて自分の身の周りにあったけれどもいまは失われてしまった風景や人の営為がポルトガルにはまだある、という切ない喪失感もともなっていたように思いますが、しかしそれ以上にこの場所に出会えてよかったと思う喜びの感情がはるかに大きかったように記憶しています。そんな懐かしさの感情を抱くことができれば、その新しい場所は慣れ親しんだ馴染《なじ》みのある場所になります。するとそこに安心感と寛容《かんよう》さを感じることができます。

そんな団地の小学生の話やポルトガルでの体験は、複合的で抽象《ちゅうしょう》的《てき》な懐かしさということで共通しています。場所や空間における〝新しさ〟と〝懐かしさ〟は隣り合わせであるということや、人の記憶の回路をつなぎ合わせることができる伝統、慣習が根付いた実体的な空間、場所の尊さと力強さを感じさせます。そしてまだ自分が訪れたことのない世界にも懐かしい場所は存在していて、それを発見できるということの喜びと可能性も感じさせてくれます。

（堀部安嗣「住まいの基本を考える」より）

64%

問い ——線部「そんな団地の小学生の話やポルトガルでの体験は、複合的で抽象的な懐かしさということで共通しています。」とあるが、「複合的で抽象的な懐かしさ」とはどういうことか。次のうちから最も適切なものを選べ。

ア 未知の事象がもつ情感と潜在的な記憶がもつ情感が重なり合うことで思い出される、幼少期の記憶から生じる懐かしさのこと。

イ 未知の場所との出会いから生じる喜びと情感溢れる場所の記憶から生じる郷愁との比較《ひかく》を通して、心に浮かぶ懐かしさのこと。

ウ 未知の風景を前にして感じる、かつて住んでいた町の失われた景色に対して抱いた喪失感から生じる懐かしさのこと。

エ 未知のものと出会うことによって、潜在的に存在する様々な記憶の断片がつなぎ合わされて湧《わ》き上《あ》がる懐かしさのこと。

（東京都）

内容理解問題 ②

例題

正答率 → 59%

次の文章を読んで、あとの問いに答えなさい。

科学技術は、人間にとっての環境世界を大きく変えてきました。人間単独では見えない世界、できない世界を、見える世界、可能な世界に変えてきたわけです。

もともと人間は、好奇心が非常に旺盛《おうせい》な生き物です。今まで感じることのできなかった環境世界を感知することができるようになれば、それだけでも大きな満足です。さらに、行けないところに行けるようになる、持ち上げられなかった物が持ち上げられるようになる、作れなかった物も作れるようになる、もうこうなってくると、好奇心というよりも欲望と言った方がいいかもしれませんが、それを実現することを、科学技術は可能にしてくれたのです。

（佐倉統・古田ゆかり「おはようからおやすみまでの科学」より）

問い ——線部「科学技術は、人間にとっての環境世界を大きく変えてきました」とあるが、それを説明したものとして最も適するものを次から一つ選び、その記号を書きなさい。

ア 科学技術が人間に本来あった感覚自体をとぎすまし、知覚の世界を大きく広げることになった。

イ 科学技術の発展が予想以上に自然を激しく破壊してしまい、人間が生活しにくい環境になった。

ウ 科学技術が導入されて可能となった体験から、人間は以前と違う世界を認識するようになった。

エ 科学技術の成果に感動したために、社会は人間の欲望を満たすことが優先される状況になった。（神奈川県）

解き方・考え方

●問題をどう解くか

言葉の意味を文脈に沿って正確に理解することが重要。

ここでいう「環境世界を大きく変えてきた」とは、——線部直後の「人間単独では～変えてきた」ということである。その内容は、第二段落の「行けない～作れるようになる」というように、人間の「欲望」を実現することができるようになって、人間が今まで感じることのできなかった世界を感じられるようになったということである。

●ミスをどう防ぐか

「環境世界」という言葉を見て、単純に自然や、人間を取り巻く社会を連想して終わらないこと。

用いられているキーワードについて、筆者がどのような意味を持たせているかを、文脈に沿って正しく理解していく必要がある。

言い換え表現や、繰り返される内容に注意しよう。

解答

ウ

入試必出！ 要点まとめ

覚えておきたい熟語

① 堅持＝考えや態度をかたく守ってゆずらないこと。
② 誇示＝得意がって見せびらかすこと。誇って示すこと。
③ 刷新＝よくない点を改めて、新しくしていくこと。
④ 識別＝事物の性質や種類などを見分けること。
⑤ 欠如＝必要なものが欠けていること。例 責任感の欠如。
⑥ 固執《こしつ》＝自分の考えや説を曲げないこと。「こしゅう」とも。
⑦ 成就《じょうじゅ》＝願いがかなうこと。物事を成し遂げること。
⑧ 遂行＝物事を成し遂げること。例 任務を遂行する。
⑨ 摂理＝自然を支配している法則。
⑩ 認識＝物事を見定め、その意味を理解すること。

実力チェック問題

解答・解説 別冊 P. 4

1

絶対落とすな!! 94%

——線部「本との付きあい方」とあるが、大人の本の読み方の多くは、どのようなものであると筆者は述べているか。文章中から六字で書き抜きなさい。

大人の本の読み方は子どもの本の読み方とちがって、一度読んでしまうと、その本がどれほどおもしろかろうと、まず二度、三度と読みかえすということはしない。本を読むことは大人にとってはしばしば一回的な行為です。子どもたちにとってはちがうのです。子どもたちは繰りかえし、繰りかえしおなじ物語を聴きたいし、読みたいと思う。

一般に、繰りかえしはあまりかんばしからぬこととして考えられてきました。繰りかえしとは進歩のないことであり、好ましくないことのようです。わたしたちが日常しょっちゅう耳にし、口にする言葉というのは、「何かいいことないか」「何かおもしろいことはないか」というような言葉です。そうした言葉にあらわれているのは、いま現在われわれのしているのは繰りかえしにすぎないという意識です。

繰りかえしは退屈だ。だから「何かおもしろいことはないか」ということです。今日があったように明日もつづくだろうというような、そういう繰りかえしの意識が一つの前提としてあって、平穏無事のイメージと退屈のイメージとが裏腹になって、日常が繰りかえしのための繰りかえしのように生きられる。繰りかえしがなにかしら無力な感じを通して感じられているので、繰りかえしがうっとうしい。で、「何かいいことないか」という一回性への期待が、気散じ*、気晴らしとして、本との付きあい方というようなところにも、気づかないかたちではたらいている。

（長田弘「本という不思議」より）

（注）*気散じ＝退屈をしのぐこと。気晴らし。

（北海道）

2

65%

次の文章を読んで、あとの問いに答えなさい。

歴史的文化的に音楽を聴くというのは、実はそんなに難しい話ではない。詳しい知識はなくとも、音楽を聴くとき私たちは常に、何らかの歴史／文化文脈の中で聴いている。逆に言えば、背景についてまったく知らない音楽は、よく分からないことの方が多い。例えば多くの人にとってポピュラー音楽が「分かりやすい」のは、その文脈が人々にとって身近なものだからだろうし、逆にクラシック音楽や雅楽が「難しい」のは、歴史や文化の背景がかなり遠いところにあるからだろう。私たちは美術館で絵を前にして、反射的に作者の名前を見ようとする。人によっては必ずまず作者の名を確認してから作品を見る。ダナ・アーノルドが言うように、美術館に入るや否《いな》や私たちは、美術と同様、歴史も探そうとする。またコンサートで作曲家の名前も作品タイトルも確認しないなどという人は、まずいないだろう。そしてラジオで気になる音楽が流れていたら、最後のアナウンスまで聴いて、誰がそれを歌っていたか知ろうとするはずだ。

（岡田暁生「音楽の聴き方」より）

問い ——線部「私たちは美術館で絵を前にして、反射的に作者の名前を見ようとする。」とあるが、「私たち」がこうした行動をとる理由として最も適切なものを、次のア〜エの中から一つ選び、その記号を書きなさい。

ア 作者の名前によって、美術館の歴史を探そうと思うから。
イ 作者の知名度が、その絵の文化的な価値を決めると思うから。
ウ 作者を知ることで、その絵の歴史的な背景を知ろうと思うから。
エ 作者を確認することで、その絵の難しさを判断しようと思うから。

（埼玉県）

内容理解問題 ③

例題

正答率 55%

――線部「テスト」とあるが、その目的は何か。知識という語句を必ず使って、二十字以上、二十五字以内(句読点を含む)でまとめ、書きなさい。

　わたしたちは、これまで、人間の頭脳については倉庫と同じもののように見てきた。知識をどんどん蓄積する倉庫である。倉庫は大きければ大きいほどよろしい。中にたくさんのものが詰まっていればいるほど結構だとなる。せっかく蓄積しようとしている一方から、どんどんものがなくなっていったりしてはことだから、忘れるな、が合言葉になる。ときどき在庫検査をして、なくなっていないかどうかをチェックする。それがテストである。

（外山滋比古「思考の整理学」より）

（福岡県）

解き方・考え方

●**問題をどう解くか**

　まず、どの部分が解答に使えるかを考える。段落の要点なども考えながら、解答とするのに適切な箇所を読み取る。

　この問題では、直前の「それ」が指し示す「なくなっていないかどうかをチェックする」が解答の中心。次に、何が「なくなっていないか」を考えると、蓄積された「知識」だとわかる。「何か」と問われたときは、解答の文末は名詞の形(「〜こと。」など)にする。

●**ミスをどう防ぐか**

　問われていること(テストの目的は何か)に適切に答えられているかを考えながら解答を作ること。「人間の頭脳に知識をどんどん蓄積すること。」などのように、問いに答えていない場合は不正解となるので注意する。

解答

(例)知識がなくなっていないかどうかをチェックすること。(二十五字)

入試必出！ 要点まとめ

記述問題のポイント①

① 解答になりそうな部分を探す。
→段落の要点などを手がかりにするとよい。

② ①で探した箇所の表現を用いながら、解答の下書きを作る。
→いきなり解答用紙に書くのではなく、余白などを利用して下書きを作るとよい。

③ 問題の条件(字数、必ず使わなければならない言葉など)を満たしているか確認し、調整する。

④ 問題で問われていることに適切に答えられているかどうかを確認する。解答の文末が、問題と対応しているかどうかもあわせてチェックし、その後、解答用紙に記入する。

実力チェック問題

解答・解説　別冊 P. 5

1

次の文章を読んで、あとの問いに答えなさい。

生物も不変ではなく、長い年月をかけて変化していることが認められている。その過程を進化と呼び、その進化を引き起こす要因を考える進化論は、今も魅力的なテーマだ。

その中で最近よく耳にする言葉が、「共進化」である。異なる生物が、ともに関係ある形で進化し、お互いが切っても切れない関係になることである。

たとえばランの一種は、あるハチドリだけに花のみつを吸わせる。ハチドリはこの花のみつを吸えるようにくちばしの形を変えた。ランは、この鳥のくちばしでないと、みつのあるところまで届かないように花弁を変容させた。言い換えるとハチドリはみつを独占できる。ハチドリは同じ種類のランだけ訪問するから、ランの受粉の確率は、格段に高まった。これは、どちらかが先に進化して片方がそれに合わせたわけではない。示し合わせたように同時期にくちばしと花弁の形を変え、双方が利益を得るようにしたのだ。

（田中淳夫「森林からのニッポン再生」より）

問い　――線部「共進化」について、次のような形で説明したとき、□に入る適切な言葉を、本文中の言葉を使って、三十字以内で書きなさい。

・異なる生物が、申し合わせたように、□ということ。

（山形県）

61%

2

次の文章を読んで、あとの問いに答えなさい。

果てしない氷海の上をひたすらスキーで歩いていてホッキョクギツネやシロクマの足跡に出会うと、生き物の痕跡《こんせき》にほっとする。目もあけられない吹雪の中、小高い丘の雪面を歩くカリブーのシルエットが視界に浮かび上がったとき、わけもなく涙が出そうになった。後ろを振り返ると氷の水平線がどこまでも続いており、いま自分がここにいることが奇跡のように思われた。

北極というと厳しい荒野が広がっている印象があるかもしれないが、都市に住む人々が辺境だと思っている場所にも動物や人間の営みは細々と、しかし脈々と受け継がれている。

（石川直樹「旅とはなにか」より）

問い　次は、――線部で、筆者が「奇跡のように思われた」と述べている理由を説明したものである。□に入る適切な言葉を、本文をふまえて、十字以内で書きなさい。

・□ことがあまりにも少ない氷海の世界でも、自分は確かに存在していたから。

（山形県）

59%

3

――線部①「自然のロジック」と、――線部②「人間のロジック」の違いは、どのような点にあるか。違いがわかるように、六十字以内で書きなさい。

原生林の中の山火事は自然現象であり、何かある目的のためになされたことではない。そして、それによって明るくなった場所にいろいろな生きものが棲《す》みついていくのは、それぞれの生きものがそれぞれ自分の子孫を残そうとして互いに競争しながら懸命に生きていくという①自然のロジック*によるものであって、けっして何かを目指してのことではない。

人間は動物の一種であり、自分が生きて子孫を残していくことを目指して活動してきた。つまり、人間のやることには目標があり、その目標を立ててかつ実現していくためのロジックがある。人間が田畑を切り開くのも、家や道路を作るのも、すべてこの②人間のロジックによるものであった。

（日高敏隆「春の数えかた」より）

（宮崎県）

（注）*ロジック＝論理。

51%

内容理解問題 ④

例題

正答率 82％ 絶対落とすな!!

――線部「私の泳ぎ」について説明したあとの文の（　）に入る最も適当な言葉を、文章中から十字で抜き出して書きなさい。


「ちゃんと泳げるじゃないか」

「違うの。こんなの、私の泳ぎじゃない」

「分かんねえな。何だよ、それ」

「ただ泳ぐだけなら誰《だれ》でもできるでしょう。あんただって泳げるぐらいなんだから。でも、私の泳ぎは、そういうのとは違う……分かんないでしょう、こんなこと言っても」

「いや」何となく分かった。一流の選手は、みんなこんな感じなのだろう。

「勝つことの面白さが分かってきて、そのためなら何でも犠牲にしてもいいって思ってた。でも、こんなんじゃどうしようもないのよ。怪我《けが》してから初めて水に入った時、全然違ったから。ショックだった。それまでは、泳ぐことなんて歩くのと同じだったのに、水が凄《すご》く重くて、全然前に進まなかった」

「それで泳ぐのをやめちゃったのか？　ずいぶん諦《あきら》めが早いんだな」

「半年泳がないだけだったのに、全部忘れてた……私、四歳の時から何年も泳いできたのよ。一日何時間もね。それでやっと、突き抜けるような感覚が分かってきたのに」


（堂場瞬一「少年の輝く海」より）

・（　　　　　）のある泳ぎ

（宮崎県）

解き方・考え方

●問題をどう解くか

「私の泳ぎ」に関係しそうな部分を探す。

まず、「私」の言葉から「ただ泳ぐだけ」ではない「泳ぎ」であることがわかる。また、「一流の選手」の「泳ぎ」であることもわかる。「勝つことの面白さが分かってきて、そのためなら何でも犠牲にしてもいい」と思えるほどの「泳ぎ」であることは、後半に書かれている。それは、「突き抜ける」ような感じのものだったことをとらえる。

●ミスをどう防ぐか

字数指定がある場合は、それが大きなヒントになる。

自分の「泳ぎ」について説明されている部分は多数あるが、指定された字数に見合う部分は一箇所しかないので、それを選ぶ。

解答　突き抜けるような感覚

入試必出！ 要点まとめ

文学的文章の読み取りのポイント

① 場面を読み取る。
→いつ・どこで・誰が・どんなことをしている文章なのか、ということを文章全体から理解する。

② 場面の変化を読み取る。
→時間や場所、登場人物の登場・退場などに注意を払いながら、場面が変化している箇所を読み取る。そして、それぞれの場面が「どんなことが描かれた場面なのか」を考える。

③ 登場人物の気持ちを読み取る。
→気持ちを表す言葉や、登場人物の行動や言葉、情景描写などから、その時々の登場人物の気持ちを理解する。また、何がきっかけで気持ちが変化したかをおさえる。

1

解答・解説 別冊 P. 5

次の文章には、中学二年生で野球部員の佐藤が、十一か月を過ごした町から引っ越すことになり、友人たちに見送られた後のことが書かれている。この文章を読んで、あとの問いに答えなさい。

列車が速度を増し、みんなの顔がすごい早さで流れていった。吉田《よしだ》、杉本、森田、中野美香《みか》、小森瑞穂《みずほ》、辻内早苗《つじうちさなえ》……。

胸の中がぽっかりと空洞になったようで、それでいてぐっとひきつっているような感覚を覚えた。ぼくは大きなため息をついてから、再び車窓に目を向けた。

何も考えることができなかった。ただみんなの顔が浮かんでは消えていった。岩崎*の顔が浮かんだ時、彼はとうとう今日、ホームに姿を見せなかったと思った。それが①唯一の心残りだった。五分ほどで次の駅に着いた。人影のないその駅から、一人だけ乗客があった。その乗客はゆっくりとぼくのそばに近づいてきた。

岩崎だった。あっけにとられて見つめているぼくを尻目に、岩崎はそのまま何食わぬ顔で、ぼくの前の座席に腰を下ろした。「勘違いすんなよ。」岩崎がいつものようにぶっきらぼうな調子で言った。「ちょうど用事があって、たまたま同じ列車に乗っただけだからな。」「でもうれしいよ、もう会えないのかなって思っていたとこだったから。」ぼくは岩崎に言った。岩崎はしばらくの間、ぶすっとした顔で車窓から外の景色を眺めていたけれど、突然、「何でだよ。」とぼくを見ずに、つぶやくように言った。「なんでこんなに早く行っちゃうんだよ。俺からピッチャーを取り上げといてさ。」「父さんが転勤だから仕方がないんだ。」ぼくがそう言うと、岩崎はちぇっと小さく舌打ちをした。「そんなことは、知ってるよ。」

ぼくは岩崎が何を言うつもりなのかわからなかった。「正直に言うと、俺、佐藤のことが気になりながらもちょっと憎らしかった。」「……。」「俺がいくらくってかかっても、②いつも悠然としてるってところがだよ。」

ぼくが、悠然としてるなんてことは全然ない。ぼくはぼくなりにいつも傷ついたり、イライラしたりしているのだ。でも、もしぼくのことがそんな風に見えるなら、ぼくは転校を繰り返すうちに、自分の感情を表に出すことがへたくそになっていたのだと思う。本当だよ、岩崎、ぼくは本当はそんなんじゃないんだ。ぼくは心の中でそう繰り返した。

「でも佐藤、なんでそんなに無理してるんだよ。」突然の岩崎の言葉だった。ぼくは思わず岩崎を見た。「なんでもっと怒らないんだよ。なんでもっと感情をむき出しにしないんだよ。」ぼくは、少しの間何も言えずに岩崎の顔を見続けていた。ぼくが自分の感情を押し殺しながら生きてきたことは確かだ。それが転校生として生きていく最善の方法のように思っていたからかもしれない。

「じゃあ、聞くけど、岩崎もけっこう無理してるだろ。」ぼくがそう言うと岩崎はえっという表情でぼくを見た。

（阪口正博「カントリー・ロード」より）

（注）＊岩崎＝野球部の部員。佐藤が入部したことで、ピッチャーになれなかった。

絶対落とすな!! 89%　77%

(1) 佐藤が――線部①「唯一の心残り」のような気持ちになったのは、どのようなことに対してか。その内容を、簡単に書きなさい。

(2) 佐藤は、岩崎に――線部②「いつも悠然としてる」のように感じさせてきたのは、自分のどのようなことが原因であると考えているか。次のア～エの中から、その原因であると佐藤が考えていることとして、最も適切なものを一つ選び、記号で答えなさい。

ア みんなと離れても必ず再会できると信じてきたこと。
イ いつも傷ついたりイライラしながら生活してきたこと。
ウ 転校を繰り返す中で仲間をどの場所でも作ってきたこと。
エ 自分の感情を抑えて外に表さないように過ごしてきたこと。

（静岡県）

内容理解問題 ⑤

例題

正答率 83％ 絶対落とすな!!

——線部の内容として最も適当なものを、あとから一つ選び、その記号を書きなさい。

　西洋の人なら花といわれてバラを思い浮かべる人が多いだろう。同じ文化や民族でも時代や地域が違えば似たような齟齬《そご》が生じる。大陸の文化の影響が強かった奈良時代には梅が「花」を代表していたという。
　私事にわたって恐縮だが、花＝桜という暗黙の了解を初めて知ったときの新鮮な驚きは今でも鮮明に覚えている。それは確か中学か高校の「古文」の授業だったと記憶する。日本文学や文化にはあまり関心を示さず、もっぱら西洋の翻訳小説を読みあさっていた文学少年だった当時の私には、その了解事項が逆カルチャーショックだった。

（野内良三「偶然を生きる思想」より）

ア　西洋では、代表的な花が何かという了解事項は不変であるのに、日本では時代によって異なるということを知って驚いたこと。
イ　花見のにぎわいについては知っていたが、花＝桜という日本の文化の了解事項を西洋の人も受容することを知って驚いたこと。
ウ　西洋の翻訳小説ばかり読んでいたために、日本人でありながら自国の文化に暗く、花＝桜という了解事項を知って驚いたこと。
エ　西洋の文化にかぶれていたために、自国の文化には無関心で、日本にも西洋と同じ了解事項があったことを知って驚いたこと。

（奈良県）

解き方・考え方

●問題をどう解くか

「カルチャーショック」とは異文化に触れてショックを受けること。よって「逆カルチャーショック」は、自国の文化にショックを受けることである。——線部の直前の「その了解事項」とは「花＝桜という暗黙の了解」のことで、そのことが「もっぱら西洋の翻訳小説を読みあさっていた文学少年だった当時の私」にとってショックだったことを「逆カルチャーショック」と言っているのである。

●ミスをどう防ぐか

与えられた文章を正確に理解するのはもちろん、解答する際には、選択肢の中身を本文と照らし合わせることが重要である。誤っている選択肢を消去することで、正解が浮かび上がってくる。

解答　ウ

要点まとめ

入試必出！

随筆文の読み取りのポイント

① 「体験」と「感想・意見」を読み分ける。
→随筆文には、筆者の「体験」と、その体験に対する「感想・意見」が書かれている。どこが「体験」で、どこが「感想・意見」なのかを読み取ることが重要。

② 主題を読み取る。
→「感想・意見」に「〜思う。〜べきである。」などの表現があるときは、それを手がかりに主題を考えるとよい。ない場合は、比喩などを用いて主題が表されていないかをとらえる。それでもない場合は、「体験」の部分から筆者の「感想・意見」を類推する。

解答・解説 別冊 P. 6

1

63%

次の文章中で筆者が述べている内容として最も適当なものをあとから選び、その記号を答えなさい。

子どものころ、おいしいと思ったこともない豆腐だの蕎麦《そば》だのの味がわかるようになったのは、つい最近のことである。嫌いだった蕗《ふき》の薹《とう》のほろ苦さを「旨《うま》い」と感じはじめたのも、四十の声を聞くころから。かくして私にとっての「おいしいもの」は増える一方。いま、苦み・辛み・臭みをも「滋味」として感じられるようになったことを、恩寵《おんちょう》のように受け止めている。

よく働いて一日の終わりに、贅沢《ぜいたく》ではなくとも納得のいく充実した夕食を食べるとき、身も心も深々と満たされていく。「ああ、なんておいしいんだろう」。食いしん坊の私はこの満足感なしには、生きていけないような気さえする。この満足感があるからこそ、周囲のすべてに感謝する気持ちもわき、明日からもまた頑張ろうという気分にもなれる。

最近気づいたのだが、この満足感は、だれかから「いい話」を聞いたときの満足感とじつによく似ているのだ。

かつて旅番組で全国各地を歩き、町や村の片隅で暮らす大勢の人に話を聞いた。

新しい品種を開発しながら六十年みかんを作りつづけているお百姓さん、儲《もう》からないのを覚悟でひたすら頑丈な道具を作っている鍛《か》冶《じ》屋さん、若い女性たちに昔ながらの機織りを教えている九十歳のおばあさん……その風土や生活によって身体のなかに涵養《かんよう》された彼らのことばには、まことに「よい味わい」があり、聞いている私は身も心も満たされていく心地がしたものだ。そのとき、なぜか私のなかにはつくづくと「おいしいなあ」という感慨がわくのだった。

十年前からは美術番組で、アーティストのアトリエを訪ね、話を聞く仕事を担当してきた。

日常茶飯事のすべてを栄養として取り込み、昨日よりは今日、今日よりは明日と、より高い自分だけの表現を目指す芸術家たちの率直なことばは、私自身の生き方を振り返らせ、新しい自分に変わっていく勇気をくれた。彼らのことばは栄養に満ちたご馳走《ちそう》で、私の心と身体の細胞の一つひとつを、大きく元気にしてくれるようだった。私はそんなことばを「なんて、おいしいんでしょう」と、何度も反芻《はんすう》した。

（山根基世「『ことば』ほどおいしいものはない」より）

ア 筆者は、自分にとっての「おいしいもの」が増えたいま、それらを子どものころに食べなかったことを後悔している。

イ 筆者は、一日の終わりに贅沢な夕食を食べたときはいつも、「なんておいしいんだろう」という満足感をおぼえる。

ウ 筆者は、旅番組で訪ねた全国各地の人びとの体験談を聞いて、自分自身のそれまでの生き方を振り返ることが多かった。

エ 筆者は、より高い自分だけの表現を目指す芸術家たちのことばに、新しい自分に変わっていく勇気を与えられた。

（大阪府）

内容理解問題⑥

例題

正答率 53%

――線部「強く感じられた」とあるが、「僕」にはどのようなことが強く感じられたのかを、その感じられた理由も含めてあとのようにまとめた。空欄にあてはまる内容を、暗室、俊敏の二つの言葉を使って、二十字以上、三十字以内で書きなさい。ただし、二つの言葉を使う順序は問わない。

「あれはなんですか?」

老人はおかしそうな顔をした。

「おめさん、引き伸ばし機も知らねえで、写真やろうちゅうだか?」

「はい……。」

「試しに一枚プリントしてみるか。」

「ほんとですか。」

どきどきした。

老人は吸い込まれるような自然な動作で、引き伸ばし機の前の椅子《いす》に座った。

さっきまでとは老人の印象が違って感じられた。動きが俊敏でどこにも無駄がない。老人がここで長い時間を過ごしてきたことが、写真のことも暗室のことも知らなくても、強く感じられた。

（小林紀晴「十七歳」より）

・老人の［　　　　　　　　］ことが強く感じられた。

（埼玉県）

解き方・考え方

●問題をどう解くか

「強く感じられた」のは、直前にある「老人がここで長い時間を過ごしてきたこと」である。「ここ」にあたるのが「暗室」であることをおさえる。また、そう感じたのは、老人の「動きが俊敏でどこにも無駄がな」かったからである。以上の内容をつなげて字数を調整する。

「〜こと」につながるように解答を作ること。

●ミスをどう防ぐか

指定された言葉を用いて、日本語としておかしくならないように、簡潔にまとめていこう。「ここ」のようなあいまいな語句は指し示す内容を明らかにし、明確な意味の言葉に置き換えていくこと。

解答 (例)俊敏で無駄のない動きから、暗室で長い時間を過ごしてきた(二十七字)

入試必出！ 要点まとめ

記述問題のポイント②

① あいまいな語句に注意する。
→「それ」、「このように」などの語句は用いず、指し示す内容を明らかにして答える。

② 使用する表現の関係に注意する。
→文章中の異なる複数の表現をつなげて解答を作る場合には、元の文どうしの関係を理解して用いる。使う部分は正しくても、つなげ方でミスをしないように注意する。

③ 文学的文章の「理由」説明は、「心情」も考える。
→多くの場合、「そうなった理由」を説明するときは「〜と思ったから。」など、心情を説明する必要がある。

解答・解説 別冊 P. 6

1

次の文章を読んで、あとの問いに答えなさい。

最近の映画館では、「最初から最後まできちんと観《み》る」という習慣が定着していて、休憩時間にしか入場させないというところも多い。以前はもっと緩やかだった。繰り返し映画が上映される間、いつでも入れる、という映画館がほとんどだった。

私が子どもの頃《ころ》、よく行っていた映画館も、いつでも入退場できた。学校が休みの時期など、ゴジラやモスラなどの怪獣映画がかかって、仲間たちと観に行った。子どものことだから集合時間もいい加減で、ずっと楽しみにしていた目玉の作品でも、平気で途中から入っていた。

ストーリーが進んでしまっていて、重要な伏線や端緒がわからなくても、気にせずに映画を楽しんだ。そして、二回目の鑑賞時に最初から観て、「そうか、あの事件はそういう理由で起きていたのか。」「犯人はあんなふうに証拠を隠したのか。」などと頭の中でつないで、それなりに満足していた。映画のストーリーについて言えば「タイム・トリップ」をしているようなものだったが、それでも構わなかったのである。

入場した時に流れていたシーンになると、「ここから先はさっき観たから、もういいや。」と席を立つせっかちな仲間もいたが、私はどちらかと言えば、もう一度最後まで観て、味わい尽くすのが好きだった。ポップコーンやポテトチップスを食べながら、仲間とわいわい楽しく観たあの頃が懐《なつ》かしい。

映画を途中から観て、二回目でそれをつなぐ。昔の映画館に行っていた人ならば、誰《だれ》でも経験していることなのではないか。作品としての映画をきちんと楽しもうと思ったら、やはり最初から鑑賞すべきだ。随分いい加減な時代もあったものだと思う。

その一方で、人間の脳の働きという視点から見ると、当時の「乱暴な」映画体験にはなかなか味わい深い側面があるのも事実である。

映画は編集、整理された情報である。それに対して、人生の中の「生の体験」には、編集、整理されて、ある特定の意味に解釈される前の様々なノイズ*が入っている。そのような乱雑さこそが脳を育てる栄養になる。映画を途中から観てしまい、二度目にストーリーをつなぐ。無茶なようでいて、その雑な体験の中にこそ、私たちの脳を育《はぐく》む大切な滋養があるのである。

現代の生活の中で私たちが受け取る情報は、ともすれば整理され、丁寧に表現され過ぎているのではないか。いつの頃からか、テレビにおける発言には、必要以上にまとめられたテロップ*が付けられるようになっている。ノイズが入っているものの中から意味を拾うというのが人間の脳の強靭《きょうじん》な編集力の本質。最近の至れり尽くせりの情報環境では、脳の潜在能力を活《い》かすことができない。

（茂木健一郎「それでも脳はたらく」より）

（注）＊ノイズ＝必要な情報に交じって割り込む余分な情報。　＊テロップ＝字幕。

69%

問い　次の表は、筆者が子どものころの映画館と最近の映画館での映画鑑賞について、筆者の主張を整理したものである。この表の□にあてはまる適切な表現を、十五字以内で書きなさい。

	映画の見方	その見方のよい点
子どものころ	途中から観て、二回目にストーリーをつないで観る。	脳の編集力を育むことができる点。
最近	□	映画を作品としてきちんと楽しむことができる点。

（広島県）

心情理解問題 ①

例題

絶対落とすな!! 正答率 89%

――線部「みんなの目が和らいだ」とあるが、どういうことか。あとのア～エから選び、記号で答えなさい。

〔川島工務店に住み込むようになった中井剛《なかいたけし》は、*宮大工の仕事に興味をもてないまま、日々を過ごしていた。しかし、少しずつ剛の考えは変わっていき、朝食の席で「弟子入りさせてください」と言った。〕

テーブルの周囲は、しんと静まり返っていた。みんなが箸《はし》をとめて、剛を見つめている。その向こうに、*棟梁《とうりょう》の厳しい顔があった。

「よし、分かった。」

棟梁が太い声で言った。

「今日から中井を弟子に加える。」

その言葉とともに、みんなの目が和らいだと思うと、とつぜん弾《はじ》けるような拍手が聞こえた。*光男の祖母が微笑《ほほえ》んで手をたたいていた。

つられて工藤も拍手したが、棟梁と川口ほかの二人は何ごともなかったように箸を動かしはじめた。浮いてしまった工藤が手をとめ、肩をすくめながら笑いかけてきた。

「ありがとうございます。よろしくお願いします。」

剛はそう言って、ふたたび椅子《いす》に腰を下ろした。

（内海隆一郎「大づち小づち」より）

（注）＊宮大工＝神社・寺院などの建築や補修を専門に行う大工。
＊棟梁＝大工の親方。　＊光男＝棟梁の親戚の小学生。光男の祖母は工務店の食事を世話している。

ア 周囲の人物の期待が膨らみ、興奮したということ。
イ 周囲の人物の不満が募って、激怒したということ。
ウ 周囲の人物の緊張が解けて、安堵《あんど》したということ。
エ 周囲の人物の不安が高まり、萎縮《いしゅく》したということ。

（栃木県）

解き方・考え方

●問題をどう解くか

心情は、会話、動作、表情、口調などから読み取れる。例題では「目が和らぐ」という表情と、場面の状況から、「みんな」の心情をとらえること。

――線部の前では、「しんと静まり返っていた」「棟梁の厳しい顔があった」から、場が緊張していることがわかる。棟梁が「弟子に加える」と言ったことで、その緊張が解け、「みんな」の表情が和らいだのである。

●ミスをどう防ぐか

「目が和らぐ」とは、目が穏やかになること。また、選択肢ウの「安堵」は「安心すること」、エの「萎縮」は「縮こまって小さくなること」。このような言葉の意味を知らないと解けない問題も多い。ふだんから読書をしたり、知らない言葉があったときは辞書を活用したりして、言語知識を豊かにしておきたい。

解答 ウ

入試必出！ 要点まとめ

心情に関係する語句

① 潔《いさぎよ》い＝思い切りがよく、ひきょうなところがない。
② 詠嘆＝深く感動すること。声に出して感嘆すること。
③ 趣＝しみじみとした味わい。おもしろみ。（類義語　情趣、情緒《じょうちょ》）
④ 感懐＝ある事柄に接し、心に抱く思い。
⑤ 感慨＝身にしみて感じること。深く心に感じること。
⑥ 感興＝興味を感じること。おもしろく思うこと。
⑦ 危惧＝うまくいかないのではないかと危ぶむこと。
⑧ 郷愁＝故郷をなつかしむこと。過ぎ去った日々をなつかしむ気持ち。
⑨ 高揚＝精神や気分などが高まること。

解答・解説 別冊 P. 6

1

絶対落とすな!! 89%

次の文章は、船大工の家に生まれた満吉《まんきち》が、親方であり父親でもある芳太郎《よしたろう》に、自らが考えた船を造らせてほしいと、思い切って願い出る場面を描いたものである。――線部「その顔を満吉は正面から見すえていった」ときの満吉の気持ちとして最も適切なものを、あとのア～エから選び、記号で書きなさい。

「親方、お願いがありますだ。おれの船図面で船を造らせてくだせえ。なあ船の改良型を、おれ、けんめいに考えてきた。だから……、おれ……。」

満吉のていねいなたのみごとなど、百年に一度のことではないか。父であり、親方である芳太郎はしぶい顔をして、むきかけた栗《くり》を投げだした。

「突拍子《とっぴょうし》もねえことというな、おめえは間もなく十七歳だが、二十年早え。まかせられるはずがねえ。兄貴でさえ、船図面はかけても、まだまかせちゃおらん。」

満吉の引きしまった顔には、真剣なきらめきがあった。

「早い、おそいでいえば、早いほどいい。嵐に強い船が早くできたら、そのほうがいいだ。それに年は関係ねえ。おれ、いのちにかけてやってみてえ。」

芳太郎の体が前にのめりだした。

「そんじゃおめえ。いままで*亀萬《かめまん》で造った船はだめだというのか。」

ひざにおいたこぶしが小刻みにふるえた。その顔を満吉は正面から見すえていった。

「そのとおり。亀萬だけじゃねえが、改良しなきゃならねえと思っとる。」

「そいつは慢心だぞ、満吉！」

大声あげた芳太郎の、のど仏がひくひく動いた。

「いいか、満吉。おめえは、まだ修業もしておらねえ見習いの身だ。何もわかっておらんくせに、えらそうな口がきけるか。」

芳太郎のことばは、おさえようにもつい荒だってしまった。横から兄が口をはさんだ。

「改良とは、どこをどう改良するつもりだ。」

満吉は、いままでこの兄に、腹を割って話したことがなかった。どっちみち気が合わないからだ。それでも満吉は、板にかきかけた船図面をもってきた。

「おれの船は、敷《しき》(船底の板)はカシ材、こいつを厚く重くする。重心をもっと下げるためだ。その代わり船の浮きをよくするため、水が入らぬ、空気ももれぬ空気室を前の方につくって衣類、食糧、薪《まき》の戸棚にする。こいつらは*シケでもぬらしちゃなんねえ。」

満吉の頭に、遭難船えびす丸がある。転覆したえびす丸では、いのち綱で体を船につないでいたから、漁師は船にもどれた。船も壊れなかった。それなのに、水も、米も、薪も、着物も波にさらわれ、飢えと寒さで全員が犠牲になったのだった。

大きな一本帆柱が重くて、船は嵐にもまれると不安定になる。えびす丸は大事な帆柱をたたき折って再度の転覆をふせいだ。満吉の図面は、えびす丸の悲劇から学んだものだった。

(岡崎ひでたか「魔の海に炎たつ」より)

(注)*亀萬＝満吉の父である芳太郎が親方として経営する造船所。
*シケ＝風雨のため、海が荒れること。

ア 父親が怒るのは理解できるが、せめて自分がけんめいに取り組んだことを褒めてもらいたいと思っている。

イ 父親の荒々しい態度に圧倒されて、やはり自分が考えた船の構想は間違っているかもしれないと思っている。

ウ 父親が言っていることを受け止めて、自分が考えた嵐に強い船のどこがいけないのかを聞こうと思っている。

エ 父親の怒りを買っていることは分かっているが、それでも自分が考えた嵐に強い船を造りたいと思っている。

(岐阜県)

心情理解問題 ②

例題

正答率 79%

次の文章を読んで、あとの問いに答えなさい。

〔「僕」は、写真を撮ることを職業にすることを夢見ていたが、方法もわからず実感がなかった。次は、写真館を営んでいる知り合いの「老人」を訪ねた帰り道の場面である。〕

熱心に質問する僕に驚きながら、それでも十分に老人は楽しそうだった。だからだろうか、

「このカメラを貸すで、次に来るときまでに写真を撮ってくりゃあいいだ。ほしたらおらあがここで現像してやるで、ほんでここで、おめさんが、自分でプリントすりゃあいいだ。」

と言って、カメラを貸してくれたのだ。いくつもの扉が目の前で次々と開いていくような気分だった。いままで自分の内にだけあった思いが、急に動きだし放たれてゆくように感じられた。

（小林紀晴「十七歳」より）

問い ――線部「いままで自分の内にだけあった思いが、急に動きだし放たれてゆくように感じられた」とあるが、このときの「僕」の心情として、最も適当なものを次から一つ選び、記号で答えなさい。

ア いい加減な気持ちではなかったのだが、本当に写真を撮ることになってしまった。

イ 本当は何を写真に撮りたいのかなどと考えていなかったことに、改めて気づかされた。

ウ 写真のことを漠然と考えているだけだったが、どうしたらいいのか道筋が見えてきた。

エ 写真について老人と話をすることにより、知らないことが次々と表れてきた。

（埼玉県）

解き方・考え方

●問題をどう解くか

「思いが、急に動きだし放たれてゆくように」という比喩表現の意味を考える。同じ内容を直前で「いくつもの扉が目の前で次々と開いていくような」とも言っている。

「扉」というイメージからもわかるように、自分の目の前に新しい道が開け、そこへ向かっていく気持ちの高まりを表現している。

言葉の持つイメージを正確にとらえることが重要である。

●ミスをどう防ぐか

比喩表現は心情を表現する際によく用いられる。「天にも昇る気持ち」が高揚する心情を表すように、比喩には、慣用的にある決まった内容を表すものも多いので、多くの文章に触れて慣れておくとよい。

解答

ウ

入試必出！ 要点まとめ

情景描写・比喩表現を読み取るポイント

① 心情と関わりのある「出来事」をおさえる。

→登場人物の心情は、何らかの「出来事」と関わっていることが多い。「どういう出来事があって、どのような心情になったか」ということを読み取ろう。

② 情景描写のイメージに着目する。

→心情と、情景描写のイメージ(よいイメージの描写か、悪いイメージの描写か)は、一致することが多い。

③ 比喩表現は「共通点」を考える。

→「AのようなB」という表現は、AとBの間に何らかの共通点がなければ成立しない。比喩表現でたとえているものを読み取るときは、この共通点を中心に考えるとよい。

実力チェック問題

解答・解説 別冊 P. 6

1

次の文章を読んで、あとの問いに答えなさい。


「じいちゃんを探して来る」

　唐平《とうへい》は縁側から立ち上がって、どこかへ出て行ったが、洪作《こうさく》は縁側から動かないでいた。動きたくない気持ちがあった。十五分程すると、唐平は祖父林太郎《りんたろう》と一緒に戻って来た。

　祖父の顔を見た時、洪作はこれが祖父だったかと思った。いつのことか忘れたが、とにかくどこかで会ったことのある人物であった。痩《や》せた老人は、粗末な仕事着を身につけて、少し腰を折った姿勢ではいって来た。

「洪か、よく来たな」

　祖父は眼《め》を細めた優しい表情をして、静かな声で言った。洪作は黙って頭を下げた。祖父は改めて頭のてっぺんから爪先《つまさき》まで見廻《まわ》すようにして、

「大きくなったな。唐とどっちが大きいかな」

と言った。

「同じくらいです」

　洪作が少し緊張して答えると、祖父はもうそのことからは思いを移している風で、

「どれ、椎茸《しいたけ》飯でも御馳走《ごちそう》することにするかな。――どっこいしょ」

　そんなことを言って、台所の方へ廻って行った。唐平がここへ来る途中言ったように、粂《くめ》さんが姿を現すと、粂さんという青年が祖父林太郎と一緒に住んでいた。粂さんが姿を現すと、洪作と唐平はその青年に連れられて椎茸のほた木が並んでいるところへ連れて行かれた。

「こういうほた木の並べ方を合掌《がっしょう》式と言うんだ。あんたっちの祖父《じい》ちゃが発明した並べ方だ」

　粂さんは説明した。

「どうしてこんな並べ方をするの？」

　洪作は訊《き》いてみた。

「古いやり方だと、風通しが悪くて、椎茸がよく生えないんだ。あんたっちのじいちゃんが教えてやったので、いまは九州でもみんな合掌式だそうだ」

　それからまた粂さんは言った。

「木干し法って言ってな。このほた木につけたままで椎茸を乾燥させるのも、じいちゃんが発明したんじゃ。椎茸を外国に初めて輸出したのも、あんたっちのじいちゃんだぞ。その輸出も、木干し法が発明されたんでできたことだ」

　そうした話は、学校の教師の口から聞いたことはあったが、いま粂さんの口から聞くと、全く違ったものに聞こえた。洪作はほた木が一面に並んでいる場所を倦《あ》かず眺めていた。ほた木などそれまで美しいとは思わなかったが、木の間から洩《も》れている弱い秋の陽《ひ》を浴びているこのほた木は、何とも言えず美しく見えた。


（井上靖「しろばんば」より）

69%

問い　――線部「ほた木などそれまで……美しく見えた」とあるが、この表現からどのようなことを読み取ることができるか。最も適当なものを、ア～エから選びなさい。

ア　孤独な生活に対する洪作の関心の高まりを読み取ることができる。
イ　豊かな自然に対する洪作の感動の深まりを読み取ることができる。
ウ　洪作が祖父を誇らしく思い始めている気持ちを読み取ることができる。
エ　洪作が粂さんを信頼しようとしている気持ちを読み取ることができる。

（北海道）

理由説明問題 ①

例題

正答率 66%

――線部「勉強は哲学の大敵である」とあるが、筆者がそのように考える理由として、最も適当なものをあとから一つ選び、その記号を答えなさい。

他人の哲学を研究し理解することは、哲学をするのとはぜんぜんちがう種類の仕事である。

哲学というものは、最初の第一歩から、つまり哲学なんてぜんぜん知らないうちから、何のお手本もなしに、自分ひとりではじめるのでなければ、けっしてはじめることができないものなのだ。つまり、哲学の勉強をしてしまったら、もうおそいのだ。勉強は哲学の大敵である。

（永井均「〈子ども〉のための哲学」より）

ア 他人の哲学についてたくさんの知識を得たことで、かえってだれの哲学を信じればよいか、わからなくなるから。

イ 他人の哲学を理解しようとすることで、自分ひとりの素朴な疑問から、哲学をはじめることができなくなるから。

ウ たくさんの有名な哲学者の中から、自分によく似た考えのひとを見つけるのは、とてもむずかしいことだから。

エ 他人の哲学は、ほとんどがつまらないものであり、おもしろいと思っても、自分と考え方が似ているだけだから。

（宮崎県）

解き方・考え方

●問題をどう解くか

――線部の「勉強」とは、第一段落の「他人の哲学を研究し理解すること」である。第二段落では、哲学について、「何のお手本もなしに、自分ひとりではじめるのでなければ、けっしてはじめることができないもの」と述べているので、他人の哲学を「勉強」すると、自分ひとりではじめるという本当の「哲学」ができなくなってしまうと述べていることをとらえる。

●ミスをどう防ぐか

文章によって、言葉に一般的な意味とは異なる独自の意味を持たせることがある。その文章の文脈に沿って、語句の意味を正確に読み取ることが、全体の内容を理解するカギとなる。

解答

イ

入試必出！ 要点まとめ

理由説明問題のポイント（説明的文章）

理由となる箇所を、段落の要点や、理由を表す接続語（「なぜなら」など）、助詞（「から」など）を手がかりにしながら探す。

説明的文章では、文章中に理由となることが明記されている場合が多い（なお、文学的文章では、心情などを読み取った上で理由を考えなければならないことが多い）。したがって、理由となる箇所を探せるかどうかが重要となる。

ただし、選択問題は、文章中の表現と選択肢の表現が異なっていることが多いため、注意が必要。文章中の表現の意味に合う選択肢を選ぶことを心がけよう。

実力チェック問題

解答・解説 別冊 P. 7

1

次の文章を読んで、あとの問いに答えなさい。

種子は、いったん発芽をはじめれば、あと戻りはできない。また、種子が発芽して、芽生え*に成長すれば、生涯、移動することはない。としたら、どんな場所で発芽をはじめるかが、その芽生えの生涯の運命を決めてしまう。だから、種子は、生きていける場所を慎重に見きわめて、発芽しなければならない。

種子たちは、どのように、発芽の「時」と「場所」を知るのだろうか。

多くの栽培植物の種子は、発芽の三条件である適切な温度、水、空気(酸素)があれば、発芽する。しかし、自然の中を自分の力で生きる植物の種子は、そんなに簡単に発芽しない。それぞれの植物種の種子は、発芽のタイミングを知る方策を身につけている。

乾燥した地域に生きる植物の種子は、適切な温度と水と空気があっても、発芽してはならない。発芽する際、もっとも気をつけねばならないのは、発芽後にも使える水があるかどうかである。もし、発芽後に水が不足すれば、芽生えは、たちまち枯死してしまう。それゆえ、種子たちは、発芽するときに必要な水だけでなく、発芽した後に根を張りめぐらすのに使える水が十分あるかを、発芽の際に見きわめなければならない。

種子たちは、どのようにして、「発芽したあとも水がある」ことを知るのだろうか。「種子たちが発芽するとき、そんなことまで考えていないだろう」と思われるかも知れない。「種子がほんとうに考えているかどうか」は別にして、「発芽したあとも水がある」ことを、種子たちが知るためのしくみは存在する。

乾燥地帯に生きるいくつかの植物は、種皮の中に、発芽を阻害する物質を含んでいる。これらの物質は、水に溶ける性質を持っている。だから、多量の雨が降って、種子が水につかれば、阻害物質は水に溶けて流れ去る。それほど多量の水がまわりにあるときに限り、からだから阻害物質がなくなり、この種子は、発芽する。発芽を阻害する物質が発芽のタイミングをはかる役目をする、わかりやすいしくみである。

(田中修「ふしぎの植物学」より)

(注)＊芽生え＝生えたばかりの芽。

57%

問い ——線部「種子は、生きていける場所を慎重に見きわめて、発芽しなければならない」とあるが、乾燥した地域に生きる植物の種子がこのようにしなければならない理由を、次のようにまとめるとき、□にあてはまる最も適当な表現を、文中から五字以上、十字以内で書き抜きなさい。

移動できない植物が乾燥した地域で枯死しないために、□の存在を見きわめる必要があるから。

(北海道)

理由説明問題 ②

例題

正答率 60%

——線部「ぼくは、心が熱くなった。」とあるが、「美里《みさと》中！」と叫ぶみんなの声を聞いて「ぼく」の心が熱くなったのはなぜか。その理由を文章中の言葉を使って「…から。」に続くように、三十五字以上四十字以内で書きなさい。

　やがて、フィニッシュゲートが近づいてきた。その周りでは桜色の旗がたくさん揺れていた。たくさんの笑顔が待ちかまえていた。美里中の生徒の顔が見える。何か叫んでいる。いったい何て言っているんだろう。伊達《だて》がいた。桃《もも》井《い》がいた。猫田《ねこた》もいる。星村《ほしむら》先生まで拳《こぶし》を振り上げて叫んでいる。最後のストレートに入ったとき、みんなが何て叫んでいるかやっと聞き取れた。

「美里中！　美里中！　美里中！」

　ぼくは、心が熱くなった。日ごろ、自分の学校の名前を意識したことはない。強くこの学校を愛していたわけでもないし、つらい思い出だってけっこうある。けれど、今、みんなはぼくを美里中の代表として応援してくれている。期待してくれているのだ。

　残りあと百メートルだ。ラストスパートをかける。手足がばらばらになりそうなのに耐えながら、肺が破裂しそうなのをこらえながら、魂がむき出しになってくるような感覚で走る。

（関口尚「空をつかむまで」より）（愛媛県）

解き方・考え方

●問題をどう解くか

「心が熱くなった」というのは、この場合「感動した」という意味であることを文脈から読み取ろう。そして、「ぼく」が感動した理由を考える。「ぼく」は、みんなが応援してくれている声を聞き、みんなが「ぼく」を美里中の代表として応援していること、「ぼく」に期待してくれていることを感じ、感動したのである。

●ミスをどう防ぐか

「みんなが応援している声が聞こえた」という事実だけを書かないようにしよう。声援を聞いて、「ぼく」がどのように感じたのかを読み取り、そこを解答とする。ここでは『「…から。」に続くように』という設問の条件があるので、「…から。」の直前までを書こう。

解答 **(例)みんなが、ぼくを美里中の代表として応援し、期待してくれているということがわかった(四十字)**

入試必出！ 要点まとめ

理由説明問題のポイント(文学的文章)

文学的文章の構成は、多くの場合、

きっかけ(出来事など)が起こる
↓
登場人物の心情に変化が起こる
↓
心情が行動や言葉などに表れる

となっている。そして、——線部の理由を答えるときは、一つ前の内容が重要であることを覚えておこう。たとえば、「心情」に——線が引かれたときは、「きっかけ」が理由となることが多い。例題も、「心が熱くなった」という心情表現の理由として、「きっかけ」を解答として求められている問題である。

実力チェック問題

解答・解説 別冊 P. 7

1

次の文章を読んで、あとの問いに答えなさい。

　三学期の創作画の授業の時だった。

　ぼくはクロの絵を描いていた。名前はクロだけれど、クロは黒犬じゃないから、いろんな色を塗ってみた。茶色や白、太陽の光を浴びた時の黄色。泥んこになった時の土色。

　背景は真っ赤な夕日だ。手前は川で、これは銀色。夏の日差しの強い日には、こんな色に見える。

　いつのまにか小池が後ろに立っていて、ぼくにこう言ったのだ。

「強いな、お前の絵は」

「は？」最初は褒められていることに気づかなかった。絵に強いとか弱いとかがあるなんて、その時まで聞いたことがなかったから。筆圧が強すぎるって注意されたのかと思った。

「それ、美術展に出してみないか」

　小池の顔はふつうにしていても笑っているように見えるから、この言葉も初めは冗談だと思った。

「これを？」

　いましがた両隣のクラスメートから笑われたばかりだ。小池だってそれを聞いていたはずなのに。

「冗談でしょ？」

「いいや、本気。俺、授業中と職員室じゃ冗談を言わないことにしてるんだ」

「だけど、自分で言うのもなんだけど、変な絵です」

　小池は笑って言った。

「だいじょうぶ、俺にはいい絵なんだから。正直に言って、入選は難しいだろうけど、誰かに見せてやりたくなる絵なんだよ」

　授業で描き終えられなかった場合は宿題になる。どんな教科であれ宿題が嫌いなぼくは、いつもならさっさと授業中に描いてしまうのだけれど、その日は、半分しか完成しなかった。小池に褒められてから、急に使う色やかたちを迷いはじめたせいだと思う。

　夕日は本当に赤なんだろうか。

　四角は確かに四角なのか。

　丸はやっぱり丸なのか。

　その日、ぼくは家に帰ってからも、ずっと絵に色を塗っていた。赤の上に黒を塗り、黄色を重ね、また赤に戻す。そんなことの繰り返し。

　次の授業の時、小池は完成したぼくの絵を見て、ひとことだけ言った。

「芸術だ」

（荻原浩「四度目の氷河期」より）

絶対落とすな!! 84%

問い　――線部「その日は、半分しか完成しなかった」とありますが、その理由を説明したものとして、最も適切なものを、次のア～エから一つ選び、記号で答えなさい。

ア　おざなりに描いていた絵を美術展に出すことになったので、今までの絵に対する心構えを改め、丁寧に仕上げようと思ったから。

イ　迷いなく描きたいように描いていた絵を、思いがけなく小池に褒められ、納得のいく絵に仕上げたいという思いが生まれたから。

ウ　美術展で自分の絵が認められると小池の評価も上がるので、選考委員が好みそうな色使いや筆運びになるよう工夫し始めたから。

エ　小池に褒められたことで、自分の隠れた絵の才能がようやく認められると気負い、入賞できそうな絵に仕上げたいと思ったから。

（鳥取県）

表現理解問題 ①

例題

正答率 64%

次の文章は、交通事故でけがをしている「きみ（恵美）」と友人の「由香《ゆか》」がいっしょに歩いている場面を描いたものである。これを読んで、――線部の表現上の特徴と効果として最も適切なものをあとから一つ選び、その記号を書きなさい。

「松葉杖《づえ》の先で、足、踏んじゃうかもしれないから。けっこう痛いんだよ、それ」

由香ちゃんは、ひゃっ、とあとずさりかけた。

「気をつけて歩けばいいんだから」ときみはあきれて笑う。由香ちゃんと一緒にいると、こういう笑い方が結局いちばん自然なんだな、と気づいた。

歩きだす。ゆっくりと、ゆっくりと。肩に雨が落ちる。傘の骨の先から垂れた雨だれが、髪の毛を濡《ぬ》らす。でも、由香ちゃんは一所懸命に傘をまっすぐ立ててくれている。早く歩きすぎないように、歩幅を狭めて、関係ないのに息まで詰めて。

（重松清「きみの友だち」より）

ア 状況に応じて話し言葉を効果的に用いることで、二人の時間がゆっくり流れる様子を淡々と表現している。

イ 倒置法や繰り返しの表現を多く用いることで、二人の気持ちが沈んでいく様子を印象的に表現している。

ウ 一文を短くして、文末表現を現在形にすることで、二人の心が通い合う様子を生き生きと表現している。

エ 人間の描写と自然の描写を対比させることで、二人の立場が逆転していく様子を鮮明に表現している。

（山梨県）

解き方・考え方

●問題をどう解くか

ここでは「由香」が足をけがしている「きみ」をいたわって、懸命に付き添っている様子が印象的に描かれている。各文の文末の表現に注目すると、すでに終わった事柄を、すべて現在形で表して、今目の前で起こっているかのように描いている。このように表現することで、松葉杖をついている「きみ」と、一所懸命に「きみ」のために傘をまっすぐ立てて歩く「由香」の姿が、その息遣いまで伝わってくるかのように描かれている。

●ミスをどう防ぐか

イの「倒置法」や「繰り返しの表現」という言葉だけで判断して、イとしないように注意する。確かに、――線部には倒置法や繰り返しの表現が見られるが、「二人の気持ちが沈んでいく様子」は描かれていない。「由香」が、足をけがしている「きみ」のために、一所懸命傘を差してくれている様子を描いているのだから、ウの「二人の心が通い合う様子」が適切。選択肢は最後まで読むこと。

解答 ウ

入試必出！ 要点まとめ

表現技法の種類

① 直喩　「ように（な）」を用いて、あるものをほかのものに直接たとえる方法。例 人形のような女の子。

② 隠喩　「ように（な）」を用いずに、あるものをほかのものに暗にたとえる方法。例 血の涙を流す。

③ 擬人法　人間ではないものを人間であるかのようにたとえる方法。例 私の心に本が語りかけてくる。

④ 倒置　言葉の本来の語順をわざと変えて表す方法。例 合格するよ、きっと君なら。

⑤ 反復　同じ語句を何度も繰り返す方法。例 寒い、寒い、冬の朝だ。

実力チェック問題

解答・解説 別冊 P. 7

1

次の文章を読んで、あとの問いに答えなさい。

〔高校一年生の松岡清澄《まつおかきよすみ》は、ある日の昼休み、クラスメイトの宮多《みやた》たちとの会話中、見たい本があると言って自席に戻った。その日の放課後、小学校からの同級生である高杉《たかすぎ》くるみに声をかけられ、一緒に下校することになる。ふと気づくと、くるみは石を拾い上げ、その石を眺めていた。〕

入学式の日に「石が好き」だと言っていたことはもちろんちゃんと覚えていたが、まさか道端の石を拾っているとは思わなかった。

「いつも石拾ってんの？　帰る時に」

「いつもではないよ。だいたい土日にさがしにいく。河原とか、山に」

「土日に？　わざわざ？」

「やすりで磨くの。つるつるのぴかぴかになるまで」

放課後の時間はすべて石の研磨にあてているという。ほんまにきれいになんねんで、と言う頬がかすかに上気している。

ポケットから取り出して見せられた石は三角のおにぎりのような形状だった。たしかによく磨かれている。触ってもええよ、と言われて、手を伸ばした。指先で、しばらくすべすべとした感触を楽しむ。

「さっき拾った石も磨くの？」

くるみはすこし考えて、これはたぶん磨かへん、と答えた。

「磨かれたくない石もあるから。つるつるのぴかぴかになりたくないっていってこの石が言うてる」

石には石の意思がある。駄洒落《だじゃれ》のようなことを真顔で言うが、意味がわからない。

「石の意思、わかんの？」

「わかりたい、といつも思ってる。それに、ぴかぴかしてないときれいやないってわけでもないやんか。ごつごつのざらざらの石のきれいさってあるから。そこは尊重してやらんとな」

じゃあね。その挨拶があまりに唐突でそっけなかったので、怒ったのかと一瞬焦《あせ》った。

「キヨくん、まっすぐやろ。私、こっちやから」

川沿いの道を一歩踏み出してから振り返った。①ずんずんと前進していくくるみの後ろ姿は、巨大なリュックが移動しているように見えた。

石を磨くのが楽しいという話も、石の意思という話も、よくわからなかった。わからなくて、おもしろい。わからないことに触れるということ。似たもの同士で「わかるわかる」と言い合うより、そのほうが楽しい。

ポケットの中でスマートフォンが鳴って、宮多からのメッセージが表示された。

「昼、なんか怒ってた？　もしや俺あかんこと言うた？」

違う。声に出して言いそうになる。宮多はなにも悪いことをしていない。②ただ僕があの時、気づいてしまっただけだ。自分が楽しいふりをしていることに。

（寺地はるな「水を縫う」より）

70%

(1) ――線部①の表現の説明として最も適切なものを、次のア～エから一つ選んで、その記号を書きなさい。

ア 無機物である石の気持ちさえ理解することができるくるみの感受性の豊かさを表している。

イ 他人の言うことに耳を貸さず趣味について語り続けたくるみのひたむきさを表している。

ウ 相手に左右されることなく自分の判断で行動するくるみの内に秘めた強さを表している。

エ かみ合わない会話で気まずくなった雰囲気を意に介さないくるみの大らかさを表している。

絶対落とすな!! 86%

(2) ――線部②で使われている表現技法として適切なものを、次のア～エから一つ選んで、その記号を書きなさい。

ア 対句　**イ** 擬人法　**ウ** 省略　**エ** 倒置

（兵庫県）

表現理解問題 ②

例題

正答率 → 67%

次の文章の述べ方の特色として最も適切なものをあとから一つ選び、その記号を書きなさい。

私たちは目に見えない触手を、八方宇宙にのばし、張りめぐらして、そして生きている。眠っている間も体は働き、脳も、一本の髪の毛も必死で生きている。そう想像すると、生きているということは、それだけで、じつにすごいことではないか、と自然に思われてくるはずだ。生きている、ということは、そういうことである。途中でその人生を投げ出すことなくいま生きている、ということはじつはとほうもなく大変なことなのだ。

私がいいたいのは、こういうことだ。人は、生きているだけで価値がある、と。生きていくというそのことだけのために、人間は日々、数十万、数百万キロの生命の触手を世界にのばして、必死でその命を支えている。成功しようと、失敗しようと、満足しようと絶望しようと、とりあえず今日まで生きてきた、そしていまを生き、なんとか明日も生きようとしている人間に、私は心の底から敬意を表したいと思うのだ。

（五木寛之「遊行の門」より）

ア 人がうらやむような人生を送るヒントとなる内容を、独自の視点から、提案するように述べている。

イ 専門的で難解な内容を、実験から得た科学的データを根拠にしながら、説明するように述べている。

ウ 極端で一般には共感を得にくい内容を、筆者自身の体験を示しながら、説得するように述べている。

エ 普段は気付かないような内容を、筆者の主張を何度も繰り返しながら、啓発するように述べている。

（奈良県）

解き方・考え方

●問題をどう解くか

文章全体の特色を判断するには、特徴的な部分をとらえなければならない。

この文章ではまず、筆者が日常の中から感じ取っていることを文章にしていることを理解する。

次に、「生きている」ことのすばらしさについて、言葉を変えながら、何度も繰り返していることに気付く必要がある。

●ミスをどう防ぐか

選択肢の中から、明らかにあてはまらないものを順に消去していこう。

アの「人がうらやむような人生」、イの「実験から得た科学的データ」、ウの「筆者自身の体験を示しながら」が、それぞれ不適切であると判断する。

解答 エ

入試必出！ 要点まとめ

「文章全体の特色」の代表的なパターン

① 具体的な例が多く用いられている。
→読者によく理解してもらおうという工夫がなされている。科学的な内容の文章に多い。

② ある論理に沿って内容が発展している。
→客観的な視点で内容を説明することで理解を得ようとしている。哲学的・科学的な内容の文章に多い。

③ 筆者の日常の出来事から結論が導かれている。
→個人的な体験をもとにしながら、誰にでも共通する内容を表現しようとする。日常的・文学的な内容の文章に多い。

④ 実際にある物事に関して詳しく述べられている。
→順を追って事実を説明する。報告文などに多い。

解答・解説 別冊 P. 8

1 58%

この文章について述べたものとして最も適切なものを、あとのア〜エから一つ選び、記号で答えなさい。

うちから浜までは自転車で六分の距離で、三分目のところにみどりちゃんの家がある。暑さでアスファルトにゆらゆらと湯気が立っているように見える。アブラゼミの声は、地球が誕生してから休むことなくずっと鳴き続けているみたいに、夏の景色にしっくり溶けこんで、青空にうるさく響いている。

「みどりちゃーん」

私のTシャツは、あっというまに水着の線を残して汗でぬれている。この時点で私の頭の中は、海から帰ったあとに飲む、氷たっぷりのジュースのことでいっぱいだった。

みどりちゃんは石造りの門の前で、自転車のハンドルに手をかけたままの姿勢で待っていてくれた。

「待った？」

「ううん」

みどりちゃんのその姿を見て、私は二年生の終わりに死んでしまった、おじいちゃんのことを思い出した。

ピアノを習いはじめたばかりのころ、レッスンの時間になってもお母さんが帰ってこなかった日があった。生意気だけど、じつは気が小さい私は、ひとりで教室まで行くことができずに、それなのにレッスンの十分前には何がなんでも教室に着いていなければならないと(変なところがやけに几帳面《きちょうめん》なのだ)強迫的に思い、わんわんと声をあげて泣いていた。

全身をバネのようにして泣きじゃくる孫を見かねたおじいちゃんは、

「場所はどこだ、後ろに乗りなさい」

と言って、首を持ちあげたカマキリのような自転車にさっそうとまたがった。

転がって泣いて、耳や鼻に流れていた涙は、おじいちゃんの意外な行動に面食《めんく》らってピタッとやみ、私はそそくさとカマキリ自転車の四角い荷台に飛び乗った。

おじいちゃんの自転車は車輪が大きくて、一回こぐだけでぐんと遠くに行けた。おじいちゃんの背中はおじいちゃんの匂《にお》いがして、それはとてもなつかしい匂いで、うんとちいさいころにかいだ押し入れの匂いみたいだった。

ピアノ教室の入っている雑居ビルに着くと、

「行ってきなさい、待っているから」

とおじいちゃんは言って、私は階段をかけあがり二階にある教室に急いだ。

でも教室にはだれもいなかった。まだ時間が早かったのだ。私はまた階段をかけおりていった。

「あ」

おじいちゃんを探す間もなく、おじいちゃんは目の前にいた。入り口のところで、さっきとまったく同じ格好のまま、来たときと同じ位置にいた。背筋を伸ばして前をしっかり見すえてハンドルを握り、サドルに腰掛けて、左足を地面に、右足をペダルにのせて。

(椰月美智子「十二歳」より)

ア 主人公の心情の変化や日常生活の情景を、比喩を用いて印象的に表現しながらこまやかに描いている。

イ 主人公にとって忘れられない出来事や家族への愛情を、第三者の視点で客観的に分析しながら淡々と描いている。

ウ 主人公の生き方を決定づけた思いがけない不思議な事件を、擬態語を多く用いて生き生きと描いている。

エ 気持ちを素直に表せない主人公と無邪気な友人の姿を、会話を多く用いて対照的に描いている。

(青森県)

表現理解問題 ③

例題

正答率 82% 絶対落とすな!!

次の文章は、「たかし」が、自分の姉と友だちが遊ぶ様子を一人で土手で見ている場面である。——線部A、B、Cを朗読するとき、どのような工夫が考えられるか。その工夫の仕方を、「A、B、Cと順に読んでいくとき、」のあとに続けて書きなさい。

「ねえ。」(A)

本当は草滑りなどどうでもいい。ただみんなの笑い声に加わって、自分も思い切り悲鳴をあげてみたいだけなのである。さもないと、この広い土手の原っぱで、自分の居場所を失ってしまいそうだった。

「お姉さあん。」(B)

それでも姉は聞こえないふりをしている。

「お姉さあんてば。」(C)

もうそうする以外に、自分の存在をみんなの中に引き留めておくことができないというふうに、たかしは姉を呼び続ける。

(武尾光高「空のかけら」より)

(山形県)

解き方・考え方

●問題をどう解くか

登場人物の気持ちをしっかり読み取り、その登場人物になったつもりで、朗読をすればよい。

つまり、これは心情理解問題である。まず、自分の姉と友だちが遊んでいる様子を一人で見ているという場面設定をとらえる。姉に気付いてもらわないと「自分の居場所」を失いそうな不安をかかえながら声をかけている。よって、しだいに大きく力強く声を出していくと考えられる。

●ミスをどう防ぐか

心情理解問題と同じで、思い込みで読まないことが大切。たかしの心情を丁寧におさえていけば、けっして解けない問題ではない。出題形式に惑わされないことが大切である。

解答

(例)声がしだいに大きくなるようにする。

入試必出! 要点まとめ

心情表現を覚えておこう

心情に関わる問題は、心情を表す言葉(心情表現)を多く知っていると解きやすくなる。左に挙げているものはもちろん、知らない心情表現に出会ったら、そのつど覚えていこう。

① 優越感=自分が他の人より優れていると得意に思う心情。
② やりきれない=我慢ができない。
③ ひけ目=相手に比べて自分が劣っていると感じること。
④ やるせない=苦しみなどを晴らす方法がなくてつらい。
⑤ はがゆい=思うようにならず、いらいらする。
⑥ いたたまれない=そこにいることが我慢できない。
⑦ 気負う=自分こそは、と意気込む。

実力チェック問題

解答・解説 別冊 P. 8

1

次の文章を読んで、あとの問いに答えなさい。

〔引っ込み思案であった小学五年生の「ぼく（枝《え》田《だ》光輝《みつき》）」は、クラスメイトの押野《おしの》の影響で、草野球に参加し、クラスにもなじむようになった。しかし、母親から仕事の関係で転校することになると聞かされ、楽しかったひとときを忘れようと、クラスメイトに対して心を閉ざした。〕

　押野以外の友達は、ぼくを避けるようになった。あたりまえだ。ぼくが口をきかないからだ。ぼくはやっと覚えたクラスメイトの顔と名前を記憶から全部消したかった。ぼくは、押野は、辛抱《しんぼう》強くぼくに話しかけてくれた。毎日のように三丁目に誘ってくれた。ぼくは唇をかんで、首を横に振り続けた。バットとひび割れたグローブは、押し入れの奥にしまった。

　ある日、椎野《しいの》先生に呼ばれた。教室から職員室までのリノリウムの廊下は、おそろしく無機質で、ひどく冷たかった。

「枝田くん。ちょっといいかしら」

「お母さんから聞いたわ」……Ⅰ

　椎野先生の言葉は、まったくぼくとは関係なかった。ぼくは椎野先生の「えがお顔」をじっと見た。仕方がないことを、大人は容赦なく聞いてくるのだ。

「枝田くんが五年生になって、とても男の子らしくなって、立派になったのを、先生は大変うれしく誇らしく思っています」……Ⅱ

　ぼくは椎野先生の顔を見つめるばかりだった。先生もぼくの顔をじっと見つめていた。

「転校するのがいやなのね」……Ⅲ

　ぼくは先生の顔をにらんだ。椎野先生の顔から「えがお顔」が消えた。

「自分の思っていることを、きちんと口に出して伝えなさい」……Ⅳ

　先生は、ぼくの目をまっすぐに見ていた。ぼくは怒りたいのか、泣きたいのか、叫びたいのかわからなかったけど、言葉を口に出す前に勝手に涙がこぼれ落ちた。ぼくはあわてて目をこすった。でも、涙は次から次へと流れてきて、ぜんぜん追いつけなかった。声を出そうとしても、ぼくののどからは、ひっくひっくという音しか出なかった。

「転校するのがいやなのね？」……Ⅴ

　ぼくはしゃくりあげながら、小さくうなずいた。それから先生は、あっという間にぼくを引き寄せて、ぎゅうっと抱きしめた。思いがけず力強くて、ぼくはびっくりして、そして安心して、それから、もっともっと涙がこぼれた。

（椰月美智子「しずかな日々」より）

問い　本文中のⅠ～Ⅴの会話文を、先生の気持ちを想像して朗読するとき、どのように読むのがよいか。次のA～Eの読み方を、Ⅰ～Ⅴの順に並べたものとして最も適切なものを、あとのア～エから一つ選んで、その記号を書きなさい。

A　厳しい口調で迫るように
B　優しい口調で共感を込めて
C　穏やかな口調でさりげなく
D　静かな口調で諭すように
E　きっぱりとした口調で確かめるように

	Ⅰ		Ⅱ		Ⅲ		Ⅳ		Ⅴ
ア	B	↓	D	↓	A	↓	E	↓	C
イ	C	↓	D	↓	E	↓	A	↓	B
ウ	B	↓	E	↓	C	↓	A	↓	D
エ	C	↓	E	↓	A	↓	B	↓	D

（兵庫県）

58%

段落構成問題

例題

正答率 57%

次の文章の第二段落は、第一段落に対して、どのような関係にあるか。最も適当なものをあとから一つ選び、その記号を書きなさい。

言語はコミュニケーションの手段として発達した機能ですが、言語で表現される対象は、獲物の発見や外敵の危険を仲間に知らせるというような、動物でもすでに持っていた情報だけではなく、抽象概念のような、言語の獲得によって新たに発生した情報も加わりました。言語の出現は、その結果として、コミュニケーションの効率を高めるという段階をはるかに超えて、意識によって担《にな》われる精神活動に、広大な新たな世界をもたらしました。

人間は、地球上においては、生態系のなかにある一つの生物種にすぎませんが、広大な精神的な空間を所有している点においては、チンパンジーのような高等な動物と比べても比較にならない存在です。この点において、人間の問題は、生物理解から類推できる範囲をはるかに超えてしまっているので、その理解には特別な手法が必要となるとしても不思議ではありません。

（戸川達男「動物の生き方　人間の生き方―人間科学へのアプローチ―」より）

ア 第一段落の内容に即して、具体的な根拠を示している。
イ 第一段落の内容を受けて、さらに論を展開している。
ウ 第一段落の内容に加えて、新たな問題点をあげている。
エ 第一段落の内容を離れて、話題の転換を行っている。

（福島県）

解き方・考え方

●問題をどう解くか

それぞれの段落の関係をとらえるために、各段落の中心となる内容をしっかりと理解する必要がある。

第一段落では、言語によるコミュニケーションが人間に高度な「精神活動」をもたらしたとし、第二段落では、そのために「人間の問題」は「生物理解」を超えてしまっているとしている。第二段落で内容がより発展していることがわかる。

●ミスをどう防ぐか

段落どうしの関係を考えるときには、各段落の中心となっている内容を比べることが必要だ。それによって、各段落がどのように結びついているか、また、どのように論が発展しているかがわかる。細かな部分にとらわれずに、文章の大筋をつかもう。

解答　イ

入試必出！ 要点まとめ

説明的文章の段落構成のパターン

① 序論→本論→結論
→書き出しから次第に論を進めていく。文章の最後に結論が用意されている。論理的な思考に沿いながら読み進める。

② 結論→本論
→文章の冒頭部分に結論が提示され、それを説明する形で進んでいく。初めに提示された結論を理解できるような流れになっている。

③ 序論・結論→本論→結論
→文章の冒頭部分と最終部分に結論が書かれており、結論が繰り返されている。間に説明部分がある。

実力チェック問題

1

67%

次の文章の第二段と第三段の関係として最も適当なものをあとから一つ選び、その記号を書きなさい。

解答・解説 別冊 P. 8

そもそも動物の記号は、語を組み合わせた文ではない。なるほど、「文」という概念を使って説明するなら、ミツバチの８の字飛行という記号は、「蜜《みつ》がここにある。」という文を省略した一語文であり、群れの端にいる個体が発する天敵の警戒記号は「敵が接近中だ。」という一語文とみなすこともできる。しかし、動物のコミュニケーションで用いられる記号は、パーツを組み合わせて作られた文ではないし、また記号をさらに組み合わせて、新たな記号列が作られることもない。（第一段）

ところが人間の言語は、そうではない。なるほど、「テキ」という語は、敵を指示しはする。しかし、単に「テキ」と呟《つぶや》いただけでは、いまだ確定した意味をもちえない。「いる／いない」、「来る／来ない」、「多い／少ない」という別の語（述語）と組み合わせられて文が形作られたとき、「テキ」という語は、初めて確定した意味をもつ。すなわち人間の言葉は、文というまとまりの中で、初めて確定的な意味をもつ。（第二段）

しかるに文というまとまりは、人間の言語においては、語を自由に組み合わせて、任意の文を作ることができる。その結果、実際には起きていないことを述べる文も、次々に作ることができる。いま一頭の小ぶりの天敵が近付いている、としよう。このとき、「テキ、いない。」、「テキ、多い。」、「テキ、大きい。」といった多くの文は、すべて偽となる。これらの文は、目下の状況では偽である。しかし、私たちは、それらの文の意味を理解できる。それはほかでもない、それらの文が真となるような状況を考えることができるからである。このように私たち人間は、語を自由に組み合わせて、任意の文を作りうるがゆえに、実際には起きていないことについて考えることもできる。いや、考えざるをえないのである。「果実」という語と「木に生《な》る」という語を組み合わせて、「果実が木に生る。」という文を作れば、これは、われわれの世界で真な文だが、「金」という語を組み合わせた「金が木に生る。」という文は偽である。しかし、「金が木に生る。」という文が意味をもつ限り、「金の生る木」という語も意味をもつ。（第三段）

このように、言語を用いた人間のコミュニケーションにあっては、言葉は、現にないものについてメッセージをつくるためにも用いられる。人間の言葉は、実際には存在しないものを、思考の対象として、言わば呼び出す、という意味で「非在の現前」である。人間の言語は、実際には存在しないものについての思考を可能にし、そうした思考の交換を可能にする。こうした言語によってコミュニケーションが進行することによって、人間の協業の仕方は、動物たちの協業とはまったく異なるあり方をしている。このことが、人間としての協業の根幹に、極めて固有の刻印を与えている。（第四段）

（大庭健「いま、働くということ」より）

ア 第二段で述べた内容を受けて、第三段ではその内容を発展させた具体例を挙げて説明を加え、論の展開を図っている。

イ 第二段で述べた内容について、第三段ではその根拠となる事例を付け加え、問題解決の手順を示している。

ウ 第二段で述べた内容に対して、第三段ではそれと反する見解を具体例とともに提示し、話題の転換を図っている。

エ 第二段で述べた内容に対して、第三段ではそれとは対照的な事柄を列挙し、一つ一つ詳しく分析している。

（東京都）

例題

正答率 83％ 絶対落とすな!!

次の文章を読んで、あとの問いに答えなさい。

木癖《きぐせ》を無視して、たとえば、右にねじれる木ばかりを組み合わせたりすれば、建物は右にねじれてしまいます。これを防ぐには右にねじれる木と左にねじれる木をうまい具合に組み合わせて、ねじれの力を相殺《そうさい》してやる必要があります。

木癖を読み切り、適材を適所にあてがうことで、建物の歪《ゆが》みを防ぐとともに、長年月の風雪に耐え得る＊堅牢《けんろう》な社寺建築を実現するわけです。それが宮大工の「技」です。

これは「人」を育て、使うことにも通じます。木がそうであるように、人もまた一人として同じ者はおりません。みなそれぞれに癖があり、得手不得手《えてふえて》を持っています。腕がいいのもいれば、悪いのもいますし、飲み込みが早いのもいれば、遅いのもいます。実にさまざまです。それが人というものです。それをどうやって育て、使うかと言ったら、やはり木と同じように癖を読み、得手だけでなく、不得手な部分も上手に生かしてやる、ということだろうと思います。

（菊池恭二「宮大工の人育て」より）

（注）＊堅牢＝しっかりしていて容易にこわれないこと。

問い　木の場合、人の場合、それぞれ癖を読んでどのようにすることで「生きる」と筆者は述べているか。木については十字で、人については二十四字でそれぞれ抜き出して書きなさい。

（岐阜県）

解き方・考え方

●問題をどう解くか

段落の要点をとらえるために、説明の部分とまとめの部分を読み分ける。

初めの二つの段落では、木の特性と、それをどのように利用するかが述べられている。三つ目の段落では、人のタイプと、「どうやって育て、使うか」が述べられている。

それぞれの使い方がまとめて書かれている部分を探す。

●ミスをどう防ぐか

文章の要旨をとらえるには、まず話題を正確にとらえ、それについて、筆者がどのような意見や考えを持っているかを読み取るようにし、それが端的にまとめて書かれている中心部分を見つけながら読み進めるとよい。

解答　（木）適材を適所にあてがう
（人）得手だけでなく、不得手な部分も上手に生かしてやる

入試必出！ 要点まとめ

要旨の読み取りのポイント

① 全体の話題となる語や内容を正確にとらえる。
→語句で書かれている場合もあれば、はっきりとは書かれていない場合もある。

② 話題に関する筆者の考え方や意見を理解する。
→話題に関して、筆者がどのような説明をしているか、また、どのような意見を持っているかを考えながら読む。

③ 話題と要点との関わりを考えながら、筆者が文章を通して述べようとしていること（要旨）を考える。
→筆者の考え方が最も端的にまとめられている部分を探す。各段落の要点を比べると、論の展開がよくわかる。

実力チェック問題

解答・解説 別冊 P. 8

1

絶対落とすな!! 91%

次の文章で筆者の言おうとしていることは何か。最も適当なものをあとから一つ選び、その記号を書きなさい。

ＮＨＫが学生を対象にして、「情けは人の為《ため》ならず」という言葉の意味を尋ねたところ、人に情けをかけるとめぐりめぐって自分のためになる、という正しい意味を答えた者が三十七パーセント。

「可愛《かわい》い子には旅をさせよ」ということわざを、最近の若い人は、可愛い子には旅をさせて、見聞を広めさせ、いい体験を積ませてやろうよ、という意味だと思っているそうだ。

これは、今と昔とでは旅のイメージが大きく変わっているから仕方がないとも言えるのだが。

昔は、旅をするというのは大変なことで、水さかずき*を交わしたぐらいのものであり、親元を離れて大いに苦労をしたのだ。だからこのことわざは、可愛い子だからこそ世間に出して苦労させなくちゃ、というニュアンスだった。

でも、時代が変われればことわざの受け止め方だって変化していってしまう。

高校生の作文コンクールの審査員をしていた時のこと、ある年の課題で、「百聞と一見」というのがあった。「百聞は一見に如《し》かず」ということわざをふまえて、そのどっちがいいのか、ゲーム的にディベートしてごらん、という課題だ。

ところがそのテーマに対して、高校生の多くが、視覚情報と聴覚情報はどっちが確かか、という論考をするので驚いてしまった。テレビより、案外ラジオのほうが真実が伝わったりする、なんていう論だ。

違うんだけど、と私は思った。聞く、というのは、人に聞くことであり、伝聞なのだ。そして見るというのは、自分がその目で見ること。つまりあのことわざは、伝聞よりも実体験のほうがよく分かる、ということを言っているのである。テレビで見るのは、むしろ百聞のほうであり、そこへ行って自分の目で見るのが、一見である。

しかしまあ、テレビのない時代のことわざにはテレビで見ることまでは考えられてなくて、ただ、目か耳か、という話になってしまうのも無理はない。そうやって、ことわざの意味もニュアンスが変わってしまうのだ。

美しい日本語を守る、というのは、そういう変わっていく言葉を、どこまで昔のままに守るか、という話である。私たちは、言葉をどう変えてよく、どう変えてはいけないのか。

それに対する答えは、ある国民、ある民族の文化は、なるべく守られているほうが美しい、というところにあるのだろう。生活の文化を、ちゃんと次の世代に伝えていくことが貴重なのだ。

（清水義範「行儀よくしろ。」より）

（注）＊水さかずき＝二度と会えそうにない別れの際に、水をさかずきについで飲み交わすこと。

ア 文化を正確に受け継いでいくためには、言葉のニュアンスの変化を許してはいけない。

イ 生活の文化をきちんと次の世代に伝えることが、美しい日本語を守ることにつながる。

ウ 情報化社会の利点を積極的に活用することで、若者の言葉の乱れを正すことができる。

エ 言葉をどのように変えるかということは、ある国民やある民族が決めることではない。

（千葉県）

主題

例題

正答率 94% 絶対落とすな!!

次の文章を読んで、あとの問いに答えなさい。

心平《しんぺい》は、もうひと呼吸、そっとヤス*の穂先を近づけた。雨鱒《あめます》の頭上で、切っ先の狙《ねら》いがピタリと定まった。あとはいっきに突けばよかった。すると、心平は急に手が震えた。刺激が強すぎたのだ。ヤスの穂先がブルブルと震えてしまった。その瞬間、雨鱒はあっという間に反転して、石の向こう側に消えてしまった。「はい！　逃げられだじゃ！」心平はがっかりした。水中をのぞいたまま声に出していった。

緊張がとけていった。急にヤスが手に重くなった。その時、心平は初めて背中に水滴が落ちたのを感じた。いつの間にか雨が降ってきたのだった。雨は、まだポツリポツリと散発的だった。気温がぐっと下がり始めたのがわかった。心平は立ちあがると、笑ってため息をついた。「はあ、ドキドキしたあ。」と心平はいった。逃げられたのにはがっかりしたけど、もう少しのところまで追い詰めたことがうれしかった。次の機会にはきっと仕留めることができる。希望と自信が、少年の胸にふくらんでいった。

（川上健一「雨鱒の川」より）

（注）＊ヤス＝水中の魚を突き刺して捕らえる道具。

問い　次の文は、雨鱒に逃げられたあとの心平の気持ちの変化について述べたものである。（　）にあてはまる最も適切な語を、あとから一つ選び、その記号を書きなさい。

・雨鱒に逃げられたとき心平は（　）したが、その後緊張がとけていく中で新たに喜びが生じた。

ア 期待　**イ** 落胆　**ウ** 感動　**エ** 困惑　（広島県）

解き方・考え方

●問題をどう解くか

人物の心情を追うためには、出来事を正確に理解して、人物がどのように反応しているかを考える。

「心平」は雨鱒を取り逃がしたが、その体験から手ごたえを感じている。がっかりした気持ちから明るい気持ちへの変化を描いた場面である。

心情を表しているキーワードに注意しながら読もう。

●ミスをどう防ぐか

人間は、何かの体験をしたときには必ず、ある感情を持ったり、反応を示したりする。そのような部分を見つけ、なぜそのような反応をしたのかを理解していくことが重要。そこから、人物像や作者が描こうとしている主題を考えるとよい。

解答

イ

入試必出！ 要点まとめ

主題をとらえるポイント

① 文学的文章の主題は、明確に書かれてはいないので、全体の流れから総合的に理解する。例題では、貴重な体験をしたときの少年の姿を伝えようとしている。

② 人物の描かれ方に注目する。
→同じ事件に出会っても、人物によって反応の仕方はさまざまである。その人物がどのような反応をしているかによって、人物像や主題を読み取ることができる。

③ 事件そのものの性質にも注意する。
→どのような背景において、どのような事件が起きているかも、主題に関わる重要な事柄である。全体の設定を見誤らないことが、主題に近づく第一歩である。

実力チェック問題

解答・解説 別冊 P. 9

1

次の文章を読んで、あとの問いに答えなさい。

【Ⅰ】
五歳の豆太《まめた》は、じさまとたった二人で暮らしている。ある晩、じさまが突然苦しみ始めた。臆病《おくびょう》者の豆太だが、「医者さまを呼ばなくては」と、山道を走り出した。

しもが　足に　かみついた。
足からは　ちがでた。
豆太は　なきなき　はしった。
いたくて、さむくて、こわかったからなァ。
でも、だいすきな　じさまの　しんじまうほうが、
もっと　こわかったから、
なきなき　ふもとの　いしゃさまへ　はしった。

（斎藤隆介「モチモチの木」より）

【Ⅱ】
豊海《とよみ》と育海《いくみ》は、保育園に通う一つ違いの兄妹で、母親と三人で暮らしている。母親が地域の会合に出かけた夜、妹の育海が高熱を出した。臆病な豊海だが、母親を迎えに行こうとする。

育海はすやすやと寝ている。豊海が声をかけても真っ赤な顔をして寝ているだけだ。返事をしない育海がますます豊海を心配にさせる。育海はすうすうと寝息を立てているが、この息がぱたんと止まってしまったらと、豊海はそう考えて、すぐにその考えを払いのける。でもまたぱたんと止まってしまったらという考えが、湧《わ》いてくる。こうなったら大きな夜の中を行くしかないんだと、小さな英雄*が剣を振りかざして夜のほうを指し示した。

再び、玄関で長靴に足を無理やり突っ込んだ豊海は、表に出た。びっくりするほどのたくさんの星が夜空を覆っていた。空気が澄んでいるのである。幸い冴《さ》えた月も出ている。豊海が空を仰ぎながら歩きだすと、それまで静かだった海の方向からごうっと唸《うな》る風の音がした。獰猛《どうもう》な犬がうなっているような風の音だ。豊海は毛糸の帽子を引っ張って耳を隠すようにした。風の唸りを聞きたくなかったのだ。海が騒ぎ始めている。波が少しずつ大きくなり始めている。もうすぐ、寄せるうねりが泡立ち始めるだろう。風が吹き始めれば、崩れる波頭が夜目にも白く見えるようになるだろう。打ち寄せる波は陸地へと入り込めないのをさぞかし悔しがるだろう。悔しくてしょうがないと荒れ狂うだろう。

「おい、こども」

闇《やみ》の中から声がして、大きな黒い手が伸びる。そして、豊海の襟首をひょいと掴《つか》んで、大海原《おおうなばら》に差し出してしまう。何を悔しがるのか、太古の昔から、この世界が始まる前からの大きな嘆きを今も忘れずに騒ぎ、いけにえを求める海へ大きな黒い手がうやうやしく豊海を差し出す。豊海はそういう手が背中の闇の中から伸びてくるのを想像して身震いした。もし、小さな英雄がそばで彼を励ましてくれなかったら、きっと家の方向に引き返してしまったに違いない。

（中沢けい「豊海と育海の物語」より）

（注）＊小さな英雄＝豊海がテレビゲームの中で育てている主人公。

絶対落とすな!!　a 82%　b 72%　c 71%

問い　次の文章は【Ⅰ】【Ⅱ】の鑑賞文である。文の内容が正しくなるように、（ a ）～（ c ）にあてはまる語句を本文中からそれぞれ抜き出して書きなさい。

・臆病な二人の少年にとって、（ a ）遅くにたった一人で外に出ていくことはもう一つの恐怖である。これは行動の障害となる恐怖である。【Ⅰ】では、「こわかったからなァ」とだけ表現されている部分が、【Ⅱ】では具体的に記述されている。豊海は、自分の勇気の象徴である（ b ）に促されて行動を起こす。次に自分の想像が生み出した（ c ）によっていけにえにされる恐怖に襲われるが、これは（ a ）に対する恐怖が想像の中で具体化したものである。

（秋田県）

語句補充問題 ①

例題

正答率 51%

次の文章中の□に入る最も適当な語句を、あとから一つ選び、記号で答えなさい。

「落ち着いて本が読める」とはどういうことだろう。それは、周りが気にならないということだ。では、その「周り」とはなんだろう。周りの人のことだろうか。ちょっとした雑音のことだろうか。たぶん、そうではない。本を読むぼくたちにとって一番「□」のは自分の体だ。だから、ふつう自分の体を気にしなくてもいいような姿勢を整えてから、ぼくたちは本を読む。本に没頭しているときには自分の体を感じていない。体がかゆくなったりくすぐったくなったりしたら、読書に集中できない。読書に体はじゃまなのだ。

（石原千秋「未来形の読書術」より）

ア めざとい　イ つれない
ウ わびしい　エ うるさい

（青森県）

解き方・考え方

●**問題をどう解くか**

空欄の前後の内容をとらえて、空欄にあてはまる言葉を考えること。例題は、本を読むときの環境について述べた文章である。空欄を含む一文は、一番気になって、落ち着いて本が読めない原因は「自分の体」であると述べている。したがって、空欄には、読書をするときに「気になる」「じゃまだ」という状態になるような様子を表す言葉が入るとわかる。

●**ミスをどう防ぐか**

空欄の前後の内容のつながりがわかれば、どのような言葉が入るかの見当がつけやすくなる。ただし、空欄に入る言葉の意味や使い方を覚えていなければ解けない問題も多いので、語彙を増やそう。

解答 エ

入試必出！ 要点まとめ

空欄補充問題のポイント①

空欄補充問題でよく出題されるものの一つに、「そのものの様子などを説明する言葉を入れる」というものがある。

例 次の□にあてはまる言葉として最も適当なものを次から選び、その記号を答えなさい。

今まで黙っていた賢二が□口を開いた。

ア おもむろに　イ とりわけ
ウ ほとほと　エ もとより

ここでは「おもむろに」＝「ゆっくりと」といった意味がわかっていなければ、正解にたどり着けない。使い方がわからない言葉、意味がわからない言葉は、辞書などを使いながら覚えること。

実力チェック問題

解答・解説 別冊 P. 9

1

絶対落とすな!! 97%

次の文章中の□にあてはまる言葉として最も適当なものをあとから一つ選び、記号で答えなさい。

折り返し地点を回った。再び北に向かってゴールを目指す。残りの距離は二・五キロだ。いつラストスパートをかければいいだろうか。加倉井《かくらい》にはどれくらい力が残っているだろうか。これからのレース展開は加倉井と意地の張り合いになる。奥歯を□かみしめて覚悟を決める。

（関口尚「空をつかむまで」より）

（愛媛県）

ア きりっと　**イ** むすっと
ウ ごくっと　**エ** ぎゅっと

2

絶対落とすな!! 85%

次の文章中の□にあてはまる言葉として最も適当なものをあとから一つ選び、記号で答えなさい。

名案を思いついたつもりでいたのに、それはずるいことだとこっぴどく叱《しか》られた。他人から、公衆の面前で。

あの老人が□人前でミサを怒鳴りつけるほど二人は今まで目立っていて、それもひどくみっともなく目立っていたのだ。

（有川浩「阪急電車」より）

（神奈川県）

ア 胸を躍らせて　**イ** 腹に据えかねて
ウ 腰を抜かして　**エ** 腕に覚えがあって

3

絶対落とすな!! 83%

次の文章中の□にあてはまる言葉として最も適当なものをあとから一つ選び、記号で答えなさい。

たとえば、いくら魚釣りが好きだといっても、「今日一匹も魚が釣れなかったら食べるものがない」などという□状況の人などいるでしょうか？　山菜採りやキノコ狩りにしても、「採れなかったら一家が飢える」という危機と直面しているでしょうか？

（佐倉統・古田ゆかり「おはようからおやすみまでの科学」より）

（長野県）

ア 感極まった　**イ** 凝り固まった
ウ 見誤った　**エ** 切羽詰まった

4

67%

次の文章中の□にあてはまる言葉として最も適当なものをあとから一つ選び、記号で答えなさい。

さあっと血がひいた。（迷子になった！）風船が胸につまったみたいだ。息ができない。わたしは、ひっひっと息を吸ったり吐いたりしながら、松の間を走ってふたりを探した。子どもが迷子になったときというのは誰《だれ》でもそうだろうが、実に「ひとりぼっち」である。わたしはあわてた。

見ても見ても「他人」ばかりだ。眩《まぶ》しい光の中で、見知らぬ人影は、みな切り紙細工*になって、ひらひらゆれている。わたしはコンブ林の中の魚のように□した。

とうとうわたしは、「とうちゃーん！　かあちゃーん！」と、泣きながら叫んだ。

（工藤直子「象のブランコ」より）

（宮崎県）

（注）＊切り紙細工＝紙を切り抜いて、種々の形に作ったもの。

ア 七転八倒　**イ** 疾風迅雷
ウ 悪戦苦闘　**エ** 右往左往

語句補充問題 ②

例題

正答率 64%

次の文章中の□にあてはまる語句をあとから一つ選び、その記号を書きなさい。

先にも述べたように、昔の住宅は不便でした。その「不便さ」を補うためには、外に対して働きかけることが重要でした。その外への働きかけが、豊かな外の環境を作り上げていました。つまり、「不便さ」が「豊かさ」を作っていたのです。ところが、現在の住宅のように「便利」になると、「不便さ」を補う必要がなくなります。この結果、外との関係性を絶つわけです。外に対しての働きかけがゼロになると、外に「豊かさ」は生まれません。つまり□。

（甲斐徹郎「自分のためのエコロジー」より）

ア「便利さ」を手に入れてしまうと、もはや我々は「豊かさ」を手に入れられない。

イ「便利さ」を味わってしまうと、今さら「不便さ」に逆戻りすることはできない。

ウ「不便さ」を排除できなければ、けっして「豊かさ」を感じることはできない。

エ「不便さ」を感じると、すぐにでも「便利さ」を追求しなければ気がすまない。

（神奈川県）

解き方・考え方

上の文章には、昔の住宅の「不便さ」が外の「豊かさ」を作っていたとある。そして、現在の住宅のように「便利」だと、「外に『豊かさ』は生まれません」と続けているので、空欄には「豊かさ」を失ったという内容の語句が入る。

●問題をどう解くか

空欄補充問題を解くときは、空欄の前後をよく読み、論理的な筋道から外れないことが重要。

●ミスをどう防ぐか

空欄の直前にある「つまり」を見落とさないこと。この接続語は、前の内容を別の言葉で言い換えたり、説明したりする場合に用いられる。

空欄補充問題では、その空欄の前後に手がかりがあることがあるので、見落とさないようにしよう。

解答 ア

入試必出！ 要点まとめ

空欄補充問題のポイント②

説明的文章の空欄補充問題では、「空欄に至るまでの文章展開」と「空欄以降の文章展開」から、□にあてはまる言葉をある程度予測することができる。

例 □にあてはまる言葉として最も適当なものをあとから選び、記号で答えなさい。

携帯電話には多くの□が用いられている。例えばマナーモードに使われるモーターや、カメラ機能に使われる超小型カメラなどだ。

ア 技術　**イ** 金　**ウ** 時間　**エ** 手間

空欄に入る語の具体例が、「例えば」以降で述べられている。「モーター」「超小型カメラ」はア「技術」の例である。

解答・解説 別冊 P. 9

1

63%

次の文章を読んで、あとの問いに答えなさい。

　生きる実感とは、噛《か》み砕いていえば、自分が生きものであるということを自覚、感覚できるということ。生命のふるさとである海と土から自らを切り離してしまった都市住民が生きる実感を失っていくのも、当然のことではないだろうか。

　生命のふるさとは、言い換えれば自然だ。自然は生きている。その自然の生命を自分に取り入れることで、私たちは生命を持続させる。私たちも死ねば最後は土や海に戻り、微生物に食べられる。

　この生命の大きな輪の中の一端を担《にな》っているという無意識の感覚が、生きる実感なのだと思う。自然には意識はない。だから、動物や昆虫、植物にも意識がない。人間も言葉がなかった非言語の時代には、無意識の領域が大きく、「自分は自然で、自然は自分」という感覚を無意識に持っていただろう。ところが、人間が言語を獲得してから、[A]の世界が[B]の世界を＊凌駕《りょうが》していった。その意識の世界一色になった現代でも、自然と共に生きる農家や漁師には無意識の領域が残っている。

（高橋博之「都市と地方をかきまぜる『食べる通信』の奇跡」より）

（注）＊凌駕＝他のものを超えること。

問い　本文中の[A]、[B]に入る語の組み合わせはどれか。

ア　A　自然　　B　人工
イ　A　意識　　B　無意識
ウ　A　動物　　B　植物
エ　A　非言語　　B　言語

（栃木県）

2

67%

次の文章中の[　　]にあてはまる語句の組み合わせとして最も適当なものをあとの中から一つ選び、その記号を答えなさい。

　春になると、私は「これで何も困らない季節がきた」という気持ちをいだく。その頃、野原には、フキノトウ、ノビル、ヨモギ、ヤマミツバと、食べられる野の草が芽を出している。もう少したてば、タラの芽やヤマウドも姿をみせるだろう。水辺にはセリがはえ、釣りも解禁になった。畑作もはじまり、その畑のまわりでは鳥たちが春の声を響かせている。そんな春の景色に包まれていると、私には「何も困らない季節が戻ってきた」という安心感が芽生えてくる。

　それは、楽しく、そして自分でも可笑《おか》しい感覚である。野の草が芽を伸ばし、釣りが解禁になったからといって、そんなことだけで現代人の暮らしが成り立つはずはない。私の村の暮らしだって、電気もガスも、電話もガソリンも必要である。ここでも東京にいるときと同じように、さまざまなものを消費しながら暮らしている。食事だけをみても、野の草や川の魚だけですむというものでもない。

　言われなくても、それはよくわかっているのに、不思議なことに、私は村にいるときは、毎年春になると、同じ感覚をいだくのである。そして、そんなとき、私は、人間の記憶がそう感じさせるのかもしれないと考える。

　つまりこういうことである。知性は現実を分析させ、その現実を直視させようとする。だから[A]は、春になったからといって、「これで安心だ」とは感じさせない。ところが、[B]よりももっと奥に隠れている、人間が長い歴史のなかで培《つちか》ってきた[C]は、「もう春になったから大丈夫だ」と私にささやく。

（内山節「『里』という思想」より）

ア　A　知性　　B　知性　　C　記憶
イ　A　知性　　B　記憶　　C　記憶
ウ　A　記憶　　B　知性　　C　知性
エ　A　記憶　　B　記憶　　C　知性

（高知県）

語句補充問題 ③

例題

正答率 67%

次の文章中の□にあてはまる言葉として最も適当なものをあとから選び、記号で答えなさい。

〔中学二年生の理子《りこ》とさつきは、同じ少年団に所属するスキージャンプの選手である。しかし、自分の思うように飛べなくなった理子は、ジャンプ競技をやめようと考えていた。それを知ったさつきは、理子の母親にも協力をもらって、思いとどまらせようとしていた。〕

さつきは久々に練習を休んだ。今日ばかりは理子と一緒にいたかった。

「理子、ごめんね。勝手に理子のおうちに行って、理子のお母さんと話して」

「ううん、良かったよ。私一人じゃ煮詰まってどうにもならなかったもの。……私はさつきのそういうところ、嫌いじゃないよ」

理子は素直だった。「私ね。お母さんとも話して、ジャンプを始めたころのことを、思い出せた」

「そのころの理子、見たかったな」

本心を打ち明けると、理子は□にこっとした。

「同じだったと思うよ。少年団にいるその年頃《としごろ》の子たちと」

「そうかあ。じゃあ、やっぱり楽しかったんだね」

「うん、そうだね」

「理子のお母さん、言ってた。私が入団した日、すごく嬉《うれ》しそうに帰ってきたって……」

（乾ルカ「向かい風で飛べ！」より）

ア 肩をすくめて　　イ 胸を突かれて

ウ 口をとがらせて　　エ 鼻を高くして

（鹿児島県）

解き方・考え方

●問題をどう解くか

ジャンプ競技をやめることを思いとどまらせるために来たさつきに「ううん、良かったよ。〜嫌いじゃないよ」と言っていることや、ジャンプを始めたころの理子を見たいという、今となってはどうにもならないさつきの言葉に対する反応であることからとらえる。「肩をすくめる」とは、肩を縮める動作のことで、あきれた、恐れ入った、もうどうしようもないなどといった気持ちを表す。

●ミスをどう防ぐか

文学的文章で、人物の心情や様子を表現している語句を補充する場合には、その人物の置かれている状況を正確に読み取って理解することが必要である。例題では、理子は、自分を励ましにきたさつきに「ううん、良かったよ。〜嫌いじゃないよ」と言っているので、「不満」を表すウや「得意な様子」を表すエはあてはまらない。また、イやウは直後の「にこっとした」に合わない。

解答 ア

入試必出！ 要点まとめ

空欄補充問題のポイント③

文学的文章の空欄補充では「心情を補う」「動作や様子を補う」「会話文を補う」の三つのパターンが頻出。例題では「動作や様子を補う」ものを取り扱っている。

文学的文章の空欄補充問題は、空欄の前後に手がかりがないことも多い。あらすじや場面をきちんと読み取りながら、登場人物の心情をおさえていくことが大切。また、空欄に答えをあてはめて文章を読み直し、不自然な日本語になっていないかどうかのチェックを忘れないようにしよう。

1

絶対落とすな!! 83%

次の文章中の[　]に入る言葉として最も適当なものをあとから一つ選び、その記号を答えなさい。

「えっ、あれはなに？」

　一番奥に生えていたから気づかなかった。ちょっぴり黄色っぽい古い竹の枝々に、小さなちょうがとまったような不思議なものがついている。

「あっ、竹の花だ。」
　＊ささ竹が叫んだ。
「竹の花？　竹に花が咲くの？」

　聞いたことも見たこともない。まるで稲穂のようにびっしりとついている、あのつんつん飛び出しているちょうのようなものが、竹の花？　どこからどこまでが花なのか見分けがつかないし、花びらだってどこにあるのか分からない。細かな葉がおし合いへし合いして飛び出した感じの、不思議な花。ちっともきれいじゃない。

「すげえ、竹はさ、六十年に一度だけ、花を咲かすんだ。そして、そのまま枯れていくんだ。」

　ささ竹はひとりで[　]している。


（熊谷千世子「あの夏の日のとびらを開けて」より）

（注）＊ささ竹＝友人である佐々野真一の愛称。

ア 緊張　イ 興奮
ウ 期待　エ 落胆

（千葉県）

2

76%

次の文章中の[A]、[B]、[C]、[D]には、それぞれあとのⓐ～ⓓのいずれかが入る。言葉の組み合わせとして最も適当なものをあとから一つ選び、その記号を答えなさい。


ゴールまで残り一キロの看板が見えた。ぼくは、横にいる加倉井《かくらい》を見た。加倉井は、ぼくを見ていた。今が勝負どきだ。[A]。しかし、加倉井も全く同じタイミングでスピードを上げた。両手を強く振って海風を切る。アスファルトを強く蹴《け》って前へ前へと進む。肺がひゅうひゅうと鳴って、血管の中で血がごうごうと流れ、体中の筋肉がみしみしと音をたてる。

　いったいどっちが音を上げるのか。ぼくか、加倉井の方か。
　[B]。やはり一日の長ってやつだ。加倉井は、ずっと＊トライアスロンをやってきた。スイムとバイクのあとにランができるほどのスタミナを持っているのだ。きっとトライアスロンの三種目で勝負をすれば、圧倒的に加倉井の方が強いだろう。でも、今日はリレー部門で、勝負はランのみだ。絶対に王子の帰還をはばんでやる。
　[C]。
　[D]。加倉井の体温を感じる。きっと加倉井もぼくの体温を感じている。加倉井の息の乱れが左から聞こえてくる。とてもつらそうだ。でも、加倉井もぼくがつらいときっと気づいている。

（関口尚「空をつかむまで」より）

（注）＊トライアスロン＝水泳（スイム）と自転車（バイク）とランニング（ラン）の三種目を連続して行い、経過時間を競うスポーツ。

ⓐ 横一線でぴったりと並ぶ
ⓑ ぼくは、無理やりスピードを上げた
ⓒ 加倉井が一歩先に出た
ⓓ ぼくは、ぐんと足を前に踏み出した

	A	B	C	D
ア	ⓐ	ⓑ	ⓓ	ⓒ
イ	ⓑ	ⓓ	ⓐ	ⓒ
ウ	ⓒ	ⓐ	ⓑ	ⓓ
エ	ⓓ	ⓒ	ⓑ	ⓐ

（愛媛県）

例題

正答率 77%

次の文章を読んで、「そこでは植物はかえってじゃまであり、極力排除される。」の一文が入る場所として適切なものを、(A)〜(D)から選び、記号で書きなさい。

　日本と西洋との自然観のちがいがよく表《あら》われているのが庭である。内と外との中間地点である庭に、どのように自然を取り入れるか。その方法に、両者の自然に対する意識のちがいがうかがえる。(A)

　自然を取り入れるといっても、庭に草木をたくさん植えたり、水を流したりして自然らしさを演出しようとするのは、むしろ西洋のほうである。日本はむしろ逆だ。日本でもっとも有名な庭といえば、室町時代につくられた京都の竜安寺《りょうあんじ》の石庭《せきてい》を思い出す人は多いだろう。石庭の名のとおり、この庭を構成しているのは石と砂である。いわゆる枯《かれ》山水《さんすい》とよばれるものだ。枯山水は、石と砂だけで、山のつらなる様や、滝や河の流れを表現する。(B)

　それに対して、西洋の庭は花が中心だ。色とりどりの、なるべく珍しい花がたくさん咲いているほど美しい庭とされる。西洋の庭の楽しみは、花を見ることといってもいい。ガーデニングとは、基本的には季節によって木を植え替えたり、さまざまな花を咲かせたりすることである。(C)

　しかし、そうだとすると植物をたくさん植えている西洋の庭の方が、自然を豊かに取り入れているような気もする。だが、そこに西洋と日本の自然観の大きなちがいがある。西洋の庭に植えられている草花は枯れれば取り替えられる。つまり自然は交換可能な物として扱われている。いいかえれば、そこでは見えているものがすべてである。(D)

（田中真知「美しいをさがす旅にでよう」より）

（岐阜県）

解き方・考え方

●問題をどう解くか

　脱落文の「そこでは」の「そこ」とはどこかを考え、それが書かれている部分を探す。

　上の文章では、日本と西洋の庭について述べており、西洋の庭は草木をたくさん植えるが、日本の枯山水は石と砂だけで表現するとある。よって、「植物はかえってじゃまであり、極力排除される」という内容は、日本の庭である枯山水について述べられたあとに入るのが適切である。

●ミスをどう防ぐか

　それぞれの段落の内容を正確に理解することが大切。(A)の前の段落では、まだ植物の話題は出ていない。また、(C)と(D)それぞれの前の段落では、西洋の庭の様子と西洋の自然観について述べられており、花や木をたくさん植える西洋の庭の説明として、「植物はかえってじゃま」「排除される」という内容は合わないことに注意する。

解答　B

入試必出！ 要点まとめ

脱落文挿入問題のポイント

　脱落文挿入問題は、説明的文章・文学的文章ともに出題される。多くの場合、脱落文中に解答の手がかりがあるので、まずは脱落文をしっかり読むことが大切。なお、解答の手がかりとなりやすいのは「指示語」「接続語」「特徴的な言葉」である。

例　しかし、約束の時間になっても、誰も公園にやってこなかったのです。

　このような脱落文であれば、「しかし」「公園」という二つの言葉をおさえておきたい。特に接続語は大きな手がかりとなり、「しかし」の前には、「ある時間になったら、公園に誰かがやってくる」という、脱落文と対立する内容が書かれていることが考えられる。

1

次の文章は、地域の相撲《すもう》大会で、何度やっても田中敏夫《たなかとしお》との勝負がつかず、もう一度対戦しようとしている英明《ひであき》を、妻の多美子《たみこ》や娘の琴世《ことよ》たちが応援している場面を描いたものである。これを読んで、あとの問いに答えなさい。

多美子は傍《かたわ》らに立って英明を見つめている琴世の前に左手を広げた。[A]。多美子は広げた左手を小さく揺すって、手をつなごうと琴世に笑いかけた。琴世がうれしそうににっこりと笑って、多美子の左手を右手で握った。

東西の土俵下の柱の脇《わき》で、世話役が桶《おけ》から*力水をすくい、二人に与えた。力水を口に含んでも二人の沈んだ表情は変わらなかった。それぞれの世話役たちの激励を受けて、二人は土俵下の控えに戻ろうとした。[B]。観衆は黙したままじっと両大関に視線を注いでいる。力を出し尽くしての見事な相撲に感服させられたのであり、畏敬《いけい》の念をたたえた眼差《まなざ》しで見守っていた。物音ひとつしない。張り詰めた静けさが、会場の緊張を高めていった。

「ガンバレエエエ！　海鳳《かいほう》オオオ！」

いきなり、少女の明るく透きとおった叫びが、緊張感をともなった*しじまを震わせて響き渡った。[C]。視線のこちらに、左手で片メガホンを作って口に当てている琴世がいる。

[D]。恥ずかしがり屋の琴世が、大観衆が沈黙している中で、たった一人英明に向かって声援を飛ばしたのである。

（川上健一「渾身」より）

(注) *力水＝口をすすぐ水。　*しじま＝静まりかえっていること。

77%

問い 文章中の[A]、[B]、[C]、[D]には、それぞれ次のⓐ～ⓓのいずれかが入る。言葉の組み合わせとして最も適当なものをあとから一つ選び、その記号を答えなさい。

ⓐ 多美子は驚いて琴世を見下ろした
ⓑ うつむいていた英明が、パッと顔を上げた
ⓒ 琴世が多美子を見上げた
ⓓ 淡々とした動きであった

ア A ⓒ　B ⓐ　C ⓓ　D ⓑ
イ A ⓓ　B ⓑ　C ⓒ　D ⓐ
ウ A ⓓ　B ⓐ　C ⓒ　D ⓑ
エ A ⓒ　B ⓓ　C ⓑ　D ⓐ

（愛媛県）

詩・短歌・俳句の知識
詩・短歌・俳句の鑑賞

例題　正答率 66%

次の文章に描かれている季節と同じ季節の情景をよんだ俳句を、あとの中から二つ選び、その記号を答えなさい。

日曜日の朝、宿のすぐ近くの海岸に散歩に出かけた。昨日この町に到着した時には、既に日はとっぷりと暮れていたので、初めてこの海を目のあたりにした。堤防の向こうに広がる春の海は、冬とは違う穏和な表情をしている。かすんで見える対岸の島々に向かって、何隻かの小型の船が出発していく。

ア 鰯《いわし》雲日かげは水の音迅《はや》く　飯田龍太《いいだりゅうた》
イ 野に出れば人みなやさし桃の花　高野素十《たかのすじゅう》
ウ 日の落ちしあとのあかるき青田かな　久保田万太郎《くぼたまんたろう》
エ 鯉《こい》ゆけば岸は明るく水温《ぬる》む　山口青邨《やまぐちせいそん》
オ 初雪のたちまち松につもりけり　日野草城《ひのそうじょう》

（新潟県）

解き方・考え方

●問題をどう解くか
文章中に「春の海」とあるので、春の季語を持つ俳句を選べばよい。それぞれの季語に注目すると、アは「鰯雲」から秋の句、ウは「青田」から夏の句、オは「初雪」から冬の句とわかる。イ「桃の花」、エ「水温む」は、ともに春の季語である。
季語は今の季節の区分とは多少ずれることがあるので注意する。

●ミスをどう防ぐか
詩・短歌・俳句は字数が少ないが、その分、言葉として書かれていない内容を想像したり類推したりする必要がある。
少ない字数から、できるだけ多くの情報を拾うことが重要である。

解答　イ・エ

入試必出！ 要点まとめ

1 間違えやすい季語
① 春…残雪・若草・雪解《ゆきどけ》・薄氷《うすらい》・余寒・若鮎《わかあゆ》
② 夏…田植え・麦の秋・五月雨《さみだれ》・雲の峰《みね》・帰省
③ 秋…天の川・残暑・朝顔・霧《きり》・渡り鳥・七夕《たなばた》
④ 冬…水仙・寒椿《かんつばき》・小春《こはる》・紅葉散る・落葉《おちば》

2 短歌・俳句の技法
① 枕《まくら》詞《ことば》　短歌特有の表現技法。特定の言葉を導き出すための修飾語。意味は持たない。例 あしひきの―山
② 切れ字　「や・かな・けり」などの切れ字は、意味や調子のうえで句が切れるところに置かれ、感動を強める。例 夏草や兵《つはもの》どもが夢のあと（松尾芭蕉《まつおばしょう》）
③ 句切れ　短歌や俳句での意味上の切れ目。初句切れ・二句切れ・中間切れ・句切れなしなどがある。

解答・解説 別冊 P. 10

1

78%

次のA～Fの短歌で、成長する樹木のみずみずしさを色彩的にとらえ、作者が見とれているさまを表現しているものを選び、その記号を答えなさい。

A　植うるとはつまり己《おの》れが樹《き》になると
　いふことならむ樹を仰ぎつつ　　時田則雄《ときたのりお》

B　わかわかしき青葉の色の雨に濡《ぬ》れて
　色よき見つつ我《わ》れを忘るも　　伊藤左千夫《いとうさちお》

C　山の上にたてりて久し吾《われ》もまた
　一本の木の心地するかも　　佐佐木信綱《ささきのぶつな》

D　約束のことごとく葉を落とし終え
　樹は重心を地下に還《かえ》せり　　渡辺松男《わたなべまつお》

E　夕靄《ゆふもや》は蒼《あを》く木立をつつみたり
　思へば今日は＊やすかりしかな　　尾上柴舟《おのえさいしゅう》

F　木琴の音ひびかせて春分の
　路地きらきらし木の芽のひかり　　坪野哲久《つぼのてっきゅう》

（注）＊やすかりし＝心が安らかだった。

（福島県）

2

62%

次の詩で、表現上の技巧として体言止めが用いられているのは、第何連と第何連かを答えなさい。

蝶《ちょう》　はばたく朝　　成本和子

五月のひかりが
さざなみのようにゆれる朝
からたちの葉かげの
ちいさな儀式

第一連

ほろにがい葉に生かされ
たえてしのんだ沈黙の日日
わかばをかすめる風にはじらいながら
今　アゲハ蝶は羽化する

第二連

自然のなかでかわされた
やくそくのときは満ち
さなぎの背はさだめられたようにわれる
満身に力をこめて触角をのばし
ふかくたたみこまれた羽をひきだせば
生まれることのいたみが
せなかにひとすじはしる
何の力で生まれでたか
宇宙のなぞも
この　いっぴきの蝶のなかへ
あつめられ　そして約され　また約され
ふきこめられているのだ

第三連

ぬぎすてられた　さなぎのからに
うごきだしたばかりの
黒糸のようにほそい足でとまれば
朝つゆにぬれた羽が
はばたくことのよろこびで　かすかにひかる

第四連

ゆっくり　ゆっくり　呼吸をととのえ
かろやかになびく新しい羽に
生まれでた重みのひとしずくをのせ
かがやく朝のひかりにまねかれて
アゲハ蝶は　はばたいていく

第五連

（成本和子「ねむねむのひつじ」より）（北海道）

文の成分

例題

正答率　(1) 88%　絶対落とすな!!　(2) 72%　(3) 65%

次の各問いに答えなさい。

(1) 次の文を文節に分けたい。例にしたがって、文節の切れ目に斜線を引きなさい。

（例）花が、／きれいに／咲く。

・一体、人間の頭の良さの特徴は何か。　（長野県）

(2) ――線部が直接かかる部分はどれか。あとから一つ選び、その記号を答えなさい。

・そして鉢のなかにライムギがどれほどの根を張りめぐらして、小さなその命を支えてきたかを計算する。

（五木寛之「遊行の門」より）

ア ライムギが　**イ** どれほどの根を
ウ 張りめぐらして　**エ** 支えてきたかを　（奈良県・改）

(3) ――線部「はたして」は、どの部分と呼応しているか。最も適当なものを、あとのア〜エから選び、記号で答えなさい。

・そのとき、はたしてあなたは画面の上にある色や形を、写真機のレンズが対象のイメージをそのまま映すように見ているかどうか、考えてみれば疑問です。

（岡本太郎「今日の芸術」より）

ア 対象のイメージを　**イ** そのまま映すように
ウ 見ているかどうか　**エ** 考えてみれば疑問です　（宮崎県）

解き方・考え方

●問題をどう解くか

(1) 一つの文節には、必ず自立語が一つ含まれている。ここでは、「一体」、「人間」、「頭」、「良さ」、「特徴」、「何」が自立語。

(2)と(3)は、修飾関係を考える。いずれも修飾語のあとに被修飾語を続けて読んでみて、意味が通じるかどうかを確認するとよい。(3)は呼応の副詞。「はたして」は疑問を表す語と一緒に使われる。

●ミスをどう防ぐか

文節分けをするには、各品詞を見分ける力が必要だが、「ネ」や「サ」などを入れて区切れるところも目安となる。修飾・被修飾の関係は、続けて読んでも不自然でないものを選ぶとよい。

解答

(1) 一体、／人間の／頭の／良さの／特徴は／何か。
(2) ウ　(3) ウ

入試必出！ 要点まとめ

文節と文節の関係

① 主語・述語の関係…「何(誰)が」(主語)→「どうする、どんなだ、何だ、ある・いる、ない」(述語)という関係。

例 私は(主語) 車に乗って買い物に出かけます(述語)。

② 修飾・被修飾の関係…他の文節を詳しく説明する修飾語と、説明される文節(被修飾語)の関係。

例 大きな(連体修飾語) 車(被修飾語)。　ゆっくりと(連用修飾語) 話す(被修飾語)。

③ 並立の関係…二つ以上の文節が対等に並ぶ関係。位置をかえても意味が変わらないかどうかで判断する。

例 赤と 黒の(並立) 線が引かれたノート。

④ 補助の関係…あとの文節が前の文節の意味を補っている関係。［動詞＋て＋動詞］の形が一般的。

例 書いて おく。

実力チェック問題

解答・解説 別冊 P. 11

1

絶対落とすな!! 84%

「栃木県《とちぎけん》は豊かな自然に恵まれている」という文を文節に区切った場合、正しいものはどれか。一つ選び、その記号を答えなさい。

ア 栃木県は／豊かな／自然に／恵まれている
イ 栃木県は／豊かな／自然に／恵まれて／いる
ウ 栃木県／は／豊かな／自然／に／恵まれ／て／いる
エ 栃木県／は／豊かな／自然／に／恵ま／れ／て／いる

（栃木県）

2

絶対落とすな!! 83%

次の部分を(例)にならって、文節の切れ目に斜線を入れなさい。

(例) メロスは／激怒した。

・わたしがいようがいまいが

（長崎県）

3

79%

「今日は運のいい日だった」を単語に区切った場合、正しいものはどれか。一つ選び、その記号を答えなさい。

ア 今日・は・運・の・い・い・日・だっ・た
イ 今日・は・運・の・いい・日・だっ・た
ウ 今日・は・運・の・いい日・だ・った
エ 今日は・運の・いい日・だった

（千葉県）

4

78%

――線部「必ずしも」を受けている部分を、次のア～エの中から一つ選び、その記号を書きなさい。

・必ずしも決定的なことは　ア言えないが、　少なくとも　イ現代人の社会生活においては、　言語の主たる　ウ役目は、　この伝達行為にあるといってもよいと　エ思う。

（鈴木孝夫「日本語と外国語」より）
（埼玉県）

5

77%

「鳥が高く飛んだ。」という文の組み立てにおける文節と文節の関係を考えたとき、「鳥が」と「飛んだ」はどういう関係にあり、「高く」と「飛んだ」はどういう関係にあるか。書きなさい。

（山形県）

6

65%

――線部「私は」の述部にあたる二文節を、文中からそのまま抜き出して書きなさい。

異文化理解については、私はだいたい三つのレベルがあると考えています。

（青木保「異文化理解」より）
（愛媛県）

7

58%

――線部「まったく」は、どの言葉を修飾しているか。最も適切なものを、ア～エから選び、記号で書きなさい。

だが、当の朝美は、いたって堂々と、まったく臆する様子も見せずに朗読を続ける。

（熊谷達也「桃子」より）

ア 臆する　イ 見せずに
ウ 朗読を　エ 続ける

（岐阜県）

品詞の識別・用言

例題

正答率 (1) 75% (2) 53%

次の各問いに答えなさい。

(1) ――線部「太く」と同じ品詞であるものを、あとの……線部から一つ選び、その記号を答えなさい。

・森の中をしばらく歩くと、太くどっしりとしたけやきがあった。

ア 彼女は起き上がると、窓の方へゆっくり近づいていった。

イ 店のドアを開けると、聞き覚えのある音楽が流れていた。

ウ ひまわりの花は、日光を浴びて輝いているようにみえた。

エ もぎたてのトマトときゅうりを、白い大皿に盛りつけた。

（新潟県）

(2) ……線部（a・b・c・d）の四つの動詞のうち、一つだけ活用の種類の異なるものがある。その記号を答えなさい。

一番奥に生えて[a]いたから気づか[b]なかった。ちょっぴり黄色っぽい古い竹の枝々に、小さなちょうがとまっ[c]たような不思議なものがついている。

「あっ、竹の花だ。」

ささ竹＊が叫んだ。

「竹の花？ 竹に花が咲くの？」

聞い[d]たことも見たこともない。

（熊谷千世子「あの夏の日のとびらを開けて」より）

（千葉県）

（注）＊ささ竹＝友人の愛称。

解き方・考え方

●問題をどう解くか

(1)の「太く」は形容詞の連用形。アは副詞。イは動詞「開ける」の終止形。ウは助動詞「ようだ」の連用形。

(2)「ナイ」をつけて直前の音で見分ける。a「生え＋ナイ」で下一段活用。b「気づか＋ナイ」で五段活用。c「とまら＋ナイ」で五段活用。d「聞か＋ナイ」で五段活用である。

●ミスをどう防ぐか

(1)の「太く」は単独で文節を作れるので自立語とわかる。ウは付属語なので異なる。また、「太く」は、活用するので、活用しないアは異なるとわかる。イかエとなるが、「太く」の終止形は「太い」となり、「〜い」となる形容詞であることから、正解はエとわかる。

解答

(1) エ　(2) a

入試必出！ 要点まとめ

紛らわしい品詞

① 「ある」→医者である。（動詞）・ある老人。（連体詞）

② 「らしい」→めずらしい（形容詞の一部）・来るらしい（助動詞）
…動詞についていたら助動詞。

③ 「ない」→美しくない（形容詞）・行かない（助動詞）
…「ぬ」と置き換えられる「ない」は助動詞。

④ 「大きい・大きな」→大きい本（形容詞）・大きな川（連体詞）
…形容詞の活用語尾に「な」はない。

⑤ 「だ」→学校だ（助動詞）・みごとだ（形容動詞の活用語尾）
…「学校だ」の「だ」を活用させても「学校な」とはならない。

⑥ 「に」→すぐに（副詞の一部）・立派に（形容動詞の活用語尾）
…「すぐに」は、「すぐな」などと活用しない。

実力チェック問題

解答・解説 別冊 P. 11

1

74%

――線部「能力がある」の「ある」と同じ使い方の「ある」を、あとのア～エの――線部から一つ選んで、その記号を答えなさい。

・赤ちゃんには、目の前の人間の口腔《こうこう》周辺の動きを自らのそれのように感じとる能力がある。

（黒川伊保子「日本語はなぜ美しいのか」より）

ア　ある人物の本だ。
イ　大変、静かである。
ウ　教室に飾ってある花。
エ　本店は東京にある。

（長野県）

2

63%

――線部「さて」と同じ品詞に属するものを、あとのア～エの――線部から一つ選んで、その記号を答えなさい。

・さてこれらの原猿類の「利《き》き手」だが、原猿類が箸《はし》を使うわけではないが、手を伸ばして食物をとって口に運ぶ際、よく使うのが左手であった。

（濱田穣「なぜヒトの脳だけが大きくなったのか」より）

ア　なぜ左手なのだろうと、研究者は不思議に思った。
イ　このしがみつき姿勢で、右手で体を支え、左手を食物に伸ばすのである。
ウ　それに影響を受けて、同じく右半球がコントロールする左手が食物採取に利用された。
エ　そして様々な捕食者に対応して異なった警戒音や、社会関係を表す多様な音声が発達した。

（秋田県）

3

60%

――線部「悔しく」と同じ品詞のものを、あとのア～オの――線部から一つ選んで、その記号を答えなさい。

・悔しくてしょうがないと荒れ狂うだろう。

そとは　ア すごい星で、月もでていた。
とうげの　イ くだりの　さかみちは、
いちめんの　まっ白いしもで、
雪みたいだった。
しもが　足に　かみついた。
足からは　ちがでた。
豆太《まめた》は　ウ なきなき　はしった。
いたくて、さむくて、こわかったからなァ。
でも、エ だいすきな　じさまの　しんじまうほうが、
オ もっと　こわかったから、
なきなき　ふもとの　いしゃさまへ　はしった。

（斎藤隆介「モチモチの木」より）

（秋田県）

4

55%

――線部「説明し」の品詞を、次のア～エから一つ選び、記号で答えなさい。

発信者が具体的な内容を説明しなかったとしても、受信者はそれを推し量って理解することができます。

（文化庁「文化財の多言語化ハンドブック」より）

ア　名詞　　イ　動詞　　ウ　形容詞　　エ　形容動詞

（宮崎県）

助詞・助動詞

例題

正答率 53%

――線部「流される」の「れる」と同じ意味・用法のものを、あとのア～オの――線部から一つ選び、その記号を書きなさい。

・選択し、決断することは、私たちが惰性に流されるのではなく、自覚的に生きようとすれば、いつでも伴ってくる。

（中村雄二郎「哲学の現在―生きること考えること―」より）

ア　卒業生の代表として、名前を呼ばれる。
イ　始業式で、校長先生がお話をされる。
ウ　台風の影響で、街路樹が何本も倒れる。
エ　強い意志があれば、必ずやり遂げられる。
オ　写真を見ると、昔のことが思い出される。

（福島県）

解き方・考え方

●問題をどう解くか

助動詞「れる・られる」の識別は、必ず覚えておくこと。

「流される」とアの「れる」は、受け身の意味。イは尊敬、エは可能（ただし、エは「られる」の一部）、オは自発。ウは動詞「倒れる」の一部。

●ミスをどう防ぐか

左の「要点まとめ」でも挙げている、「れる・られる」の四つの意味を表す典型的な例文を暗記しておくとよい。それぞれの意味を理解するのに役立つうえ、例文と比べながら考えると、問題を解きやすくなる。

解答

ア

入試必出！ 要点まとめ

助動詞・助詞の識別問題のポイント

次のものは特によく出題される。意味の違いをおさえよう。

①「れる」「られる」
- a　受け身　例　足を踏まれる。
- b　尊敬　例　校長先生が来られる。
- c　自発　例　友人の容態が案じられる。
- d　可能　例　ぼくは朝五時に起きられる。

②「ない」
- a　打ち消しの助動詞　例　今日は休まない。
- b　形容詞　例　今週は休みがない。
- c　形容詞の一部　例　今月は休みが少ない。

③「の」
- a　部分の主語　例　私の借りてきた本です。
- b　連体修飾　例　これは私の本です。
- c　体言代用　例　この本は私のです。

実力チェック問題

解答・解説 別冊 P. 12

1

78%

――線部「だ」と同じ意味で使われている「だ」がある文を、あとのア～エから一つ選んで、その記号を答えなさい。

・雪解けが進んだスキー場の周辺を散策してみる。

ア　思いやりの心が大切だということを、改めて実感した。
イ　今日は寒くなりそうだから、コートを着て行きなさい。
ウ　彼は日本に来てまだ三か月だが、日本語を上手に話す。
エ　朝から思う存分に泳いだので、午後からは勉強しよう。

（新潟県）

2

76%

――線部「に」と、言葉のきまりや意味のうえで同じ「に」を含む文を、あとのア～エから一つ選んで、その記号を答えなさい。

・私は、美しい絵画に見とれていた。

ア　彼は部屋をきれいに片付けた。
イ　その花は雪のように白かった。
ウ　彼女が乗ったバスはすでに出発した。
エ　彼は最新の科学技術に触れた。

（高知県）

3

76%

――線部「から」と同じ意味で使われている「から」がある文を、あとのア～エから一つ選んで、その記号を答えなさい。

・どこから流されてきたのだろう。

ア　このココアは熱いから気をつけて飲んでください。
イ　やると決めたからには、最後までやり遂げよう。
ウ　自宅から市役所まで歩くと二十分以上かかります。
エ　豆腐を始め、大豆から作られる食品は多くある。

（新潟県）

4

61%

――線部「選んで」の「で」と同じ意味・用法の「で」を、あとのア～エから一つ選び、記号で答えなさい。

午前中のうちに、あらかじめ店にあるレターセットの中から、今回使われそうなものを選んでおいた。

（小川糸「キラキラ共和国」より）

ア　父は不在である。
イ　私たちで引き受ける。
ウ　自転車をこいでいる。
エ　静かで落ち着いている。

（鳥取県）

5

53%

次の文の――線部「ない」と、言葉のきまりや意味のうえで同じ「ない」を含む文を、あとのア～エから一つ選び、その記号を書きなさい。

・私は悔いのないように、全力を尽くしたいと思う。

ア　私は彼が何を考えているのかがわからない。
イ　おなかがいっぱいでこれ以上は食べられない。
ウ　約束の時間になっても友だちがこない。
エ　電車に乗ったが空いている席がない。

（高知県）

敬語の用法

例題

正答率 → (1) 57% (2) 54%

次の各問いに答えなさい。

(1) 次の①②について、だれに対する敬意を表しているかを適切に説明したものを選び、その記号を答えなさい。なお、[A]～[D]は人物を表している。

① [A]が[B]の蔵書をご覧になった。
② [C]が[D]の蔵書を拝見した。

ア ①は[A]に、②は[C]に対する敬意を表している。
イ ①は[A]に、②は[D]に対する敬意を表している。
ウ ①は[B]に、②は[C]に対する敬意を表している。
エ ①は[B]に、②は[D]に対する敬意を表している。

（栃木県）

(2) キャンプから帰ってきた「私」は手紙の中で、先生に次のような質問をした。□の中の「聞いた」を、適切な敬語表現に直して書きなさい。

・先生は最近、山で、風の音や鳥のさえずりを[聞いた]ことがありますか。

（新潟県）

解き方・考え方

●問題をどう解くか

(1)は、「ご覧になる」と「拝見する」から判断する。

①「ご覧になる」は尊敬語なので、蔵書を見ている人への敬意を表す。②「拝見する」は謙譲語なので、蔵書の持ち主への敬意を表す。

(2)は、先生への敬意を表すので、先生の動作の「聞く」に尊敬語を用いる。尊敬の助動詞の「れる」を用いて、「聞かれた」としてもよい。

●ミスをどう防ぐか

話をしている人物の立場を確認する。目上の人や地位の高い人へ敬意が表れるようにする。

また、尊敬語や謙譲語には、一定の決まりがあることに注意する。尊敬語に用いる「お～になる」は、「お書きになる」とはいっても、「お来になる」とはいわない。使い方の例とあわせて覚えておこう。

解答

(1) イ
(2) (例)お聞きになった

入試必出！ 要点まとめ

敬語の種類

① 尊敬語＝相手の行動を敬って表現するための言葉。
(ア)「お～になる」→お聞きになる、お休みになる
(イ)「～れる(られる)」→来られる、話される
(ウ) 特別な語→めしあがる、くださる、いらっしゃる

② 謙譲語＝自分の行動をへりくだっていうことで、相手への敬意を表現するための言葉。
(ア)「お(ご)～する」→お待ちする、お話しする
(イ) 特別な語→まいる、申す、うかがう、いただく

③ 丁寧語＝聞き手に対して丁寧さを表すための言葉。
(ア) 動詞→ございます
(イ) 助動詞→ます・です

実力チェック問題

解答・解説 別冊 P. 12

1

絶対落とすな!! 90%

次の文の□の中に「言う」の謙譲語を書き入れ、文を完成させなさい。

・心からお礼を□ます。

（千葉県）

2

絶対落とすな!! 82%

——線部「です」の敬語の種類として適当なものを、あとのア～ウの中から一つ選び、その記号を書きなさい。

「私は、石毛から参りました。本日は……」といったような、覚えたばかりの、形式ばった口上をたどたどしく話す私に、先方は笑いもせずに、「これは、これは、御苦労様です。」と大人に対するのと同じような口調でまじめに対応するのであった。

（石毛直道「型の美学」より）

ア 尊敬語　**イ** 謙譲語　**ウ** 丁寧語

（愛媛県）

3

76%

——線部ア～エの中から、敬語の使い方が適切でないものを一つ選び、その記号を書きなさい。

私たち給食委員会は、先生方に ア教えていただきながら学校給食について調べたことをまとめました。それを発表しますので、イお聞きください。

学校給食が初めて実施されたのは、明治二十二（一八八九）年、山形県の小学校だったと言われています。第二次世界大戦後には国連機関などの援助もあって学校給食は全国に普及しました。

かつては牛乳の代用品として「脱脂粉乳」というものがあったと、ある先生から ウうかがいました。その先生は、脱脂粉乳には独特の味とにおいがあり、飲むのが大変だったと エ申しておりました。

現在の給食は栄養面ばかりでなく、味付けや献立にも工夫が凝らされているので、給食の時間を楽しみにしている生徒も多いと思います。

（神奈川県）

4

65%

次のア～エの——線部の敬語について、種類が異なるものを一つ選び、記号で答えなさい。

ア どちらへいらっしゃいますか。

イ こちらから伺います。

ウ たくさん召し上がってください。

エ 何になさいますか。

（宮崎県）

5

58%

次の□は、中学生が書いた手紙の下書きの一部である。——線部「書いて」を敬意のある表現に書き直しなさい。

> さて、本日は、先生にお願いがあり、お手紙を差し上げました。今、私たちは、授業で町の「歴史観光マップ」を作成しています。そこで、先生が以前、古い建造物について学級通信に書いていたことを思い出し、助言をいただきたいと考えました。

（山梨県）

古典の知識

例題

正答率 (1) 93% 絶対落とすな!! (2) 69%

次の各問いに答えなさい。

(1) ――線部「いへり」の読み方を、現代かなづかいで書きなさい。

・すべて、蜂《はち》は短小の虫なれども、仁智《じんち》の心ありといへり。

（「十訓抄《じっきんしょう》」より）

（山形県）

(2) 次の文章は、暴れ馬に乗った人々がふり落とされるのを見た秦敦頼《はたのあつより》という七十歳余りの人物が「わたしならふり落とされない」と言ったあとに続く場面である。――線部「やがて」とあるが、この語の本文中の意味として最も適当なものを、あとのア～エの中から一つ選び、その記号を書きなさい。

老後にいかがとは（年を取っているからどんなものかと）入道*おもひながら、「さらば乗れかし。」（それならば馬に乗ってみよ）といはれたりければ、やがて乗りて、すこしも落ちざりけり。人々目を驚かしけり。

（「古今著聞集《ここんちょもんじゅう》」より）

（注）＊入道＝藤原能保《ふじわらのよしやす》という人物のこと。

ア ただちに　**イ** しだいに
ウ いつの間にか　**エ** かろうじて

（埼玉県）

解き方・考え方

●問題をどう解くか

(1)は、かなづかいの問題。歴史的かなづかいの「は・ひ・ふ・へ・ほ」は、語頭や助詞をのぞいて、現代かなづかいでは、「わ・い・う・え・お」で表す。「へ」→「え」となる。

(2)は、重要な古語の意味を問う問題。「やがて」は、現代でも使われる言葉だが、今とは意味が異なるので注意する。

●ミスをどう防ぐか

かなづかいは、まず、「は・ひ・ふ・へ・ほ」を含む言葉がないかを確かめ、「わ・い・う・え・お」に直すとよい。次に、「ゐ」→「い」、「ゑ」→「え」、「かう」→「こう」、「やう」→「よう」など、独特の変化をする語に気をつけよう。かなづかいで問われるパターンは、決して多くはないので、ふだんから練習しておこう。

解答

(1) いえり　(2) ア

入試必出！ 要点まとめ

現代の意味とは異なる古語

	古語	意味	用例
①	やがて	すぐに	例 やがて面影は推しはからるる心地するを
②	ののしる	言い騒ぐ	例 人々しりに立ちて拝みののしる
③	ありがたし	珍しい	例 ありがたきもの
④	うつくし	かわいい	例 ちひさきものはみなうつくし
⑤	おどろく	目覚める	例 ものにおそはるる心地しておどろき給《たま》へれば
⑥	あさまし	あきれる	例 かくあさましきそらごと
⑦	いと	とても	例 いとなまめいたる女
⑧	をかし	趣がある	例 雨など降るもをかし

実力チェック問題

解答・解説 別冊 P. 13

1

絶対落とすな!! 93%

――線部を現代かなづかいに直し、すべてひらがなで書きなさい。

母年老いて、つねに病《や》みいたはり、食のあぢはひも、度《たび》ごとに変《かは》りければ、よしなきものを望めり。

（「御伽草子《おとぎぞうし》」より）（鳥取県）

2

77%

――線部を現代かなづかいに直し、すべてひらがなで書きなさい。

・これみな、前の利をのみ思ひて、うしろの害をかへりみざるゆゑなり。

（「十訓抄」より）（愛媛県）

3

次の文章を読んで、あとの問いに答えなさい。

原文（＊は注を示す。）

今は昔、安陪仲麿《あべのなかまろ》といふ人ありけり。遣唐使として物をならはしめむがために、かの国に渡りけり。

あまたの年を経て、え返り来たらざりけるに、またこの国より藤原清河《ふぢはらのきよかは》といふ人、遣唐使として行きたりけるが、返り来けるに伴ひて、「返りなむ」とて、＊明州《めいしう》といふ所の海の辺《ほとり》にて、かの国の人はなむけしけるに、夜になりて月のいみじく明《あか》かりけるを見て、はかなきことにつけても、この国のこと思ひ出《い》でられつつ、恋しく悲しく思ひければ、この国の方をながめて、かくなむよみける。

天《あま》の原《はら》ふりさけ見れば＊春日《かすが》なる＊三笠《みかさ》の山に出でし月かも

と言ひてなむ泣きける。

（「今昔物語集《こんじゃくものがたりしゅう》」より）

（注）＊明州＝地名。現在の中国浙江省寧波《せっこうしょうねいは》付近。

＊春日＝地名。奈良市付近の呼び名。

＊三笠の山＝三笠山。奈良市にある「春日山」の別の呼び名。

現代語訳

今となっては昔のことであるが、安陪仲麿という人がいた。（天皇が仲麿に）遣唐使としてさまざまなことを学ばせようとしたため、（仲麿は）あちらの国に渡った。

たくさんの年月を経て、帰ってくることができずにいたところ、またこの国から藤原清河という人で、遣唐使として行っていた人が、帰国したのにあわせて、「帰ろう」と思って、明州という所の海辺で、あちらの国の人が送別の宴会をしたところ、夜になって月がたいそう明るかったのを見て、ちょっとしたことにつけても、この国のことが自然と思い出されては、恋しく悲しく思ったので、この国の方をもの思いに沈んでぼんやりと見て、次のようによんだ。

大空のかなたをふりあおいで見るとあれは春日の三笠山に出ていた月なのだなあ

と言って、泣いたということだ。

B 56%　A 59%

問い　次の［ ］は、原文中に用いられている言葉を取り上げ、古典の文章に、現代の文章と異なる言葉づかいが見られることを説明した文章である。文中の［A］、［B］にはそれぞれどのような言葉が入るか。［A］は原文中からさがし、［B］は現代語訳中からさがし、それぞれ抜き出して書きなさい。

（山梨県）

古典で使われる言葉には、形は現代の言葉と同じでも、主に使われる意味が、現代では変わってしまったものがある。例えば、原文中の「［A］」は、現代では主に、「広い範囲を見渡す」という意味で用いられる言葉であるが、平安時代では主に、「［B］見ている」という意味で使われていた。

動作主指摘

例題

正答率 74%

――線部「知らず」の主語として最も適当なものをあとから一つ選んで、その記号を答えなさい。

ある国の王、隣国をうたむとす。老臣、これをいさめ申していはく、「庭園の楡《にれ》の木の上に、蟬《せみ》、露を飲まむとす。うしろに*蟷螂《たうらう》のとらへむとするを知らず。蟷螂、また蟬をのみ*まもりて、うしろに*黄雀《くわうじやく》のとらへむとするを知らず。」

（『十訓抄《じっきんしょう》』より）

（注）＊蟷螂＝かまきり。　＊まもりて＝見つめて。　＊黄雀＝すずめ。

ア　王　　イ　蟬
ウ　蟷螂　エ　黄雀

（愛媛県）

解き方・考え方

●問題をどう解くか

動作主をとらえる問題は、登場人物を確認しながら書かれている内容をしっかりとつかむ。

木にとまっている蟬を背後から捕らえようとしているかまきりがいる。しかし、かまきりは蟬にばかり気をとられているために、背後にすずめがいて自分を捕らえようとしていることを知らないままでいる、ということ。

●ミスをどう防ぐか

誰が、いつ、どこで、何を、どのようにしているのかという内容を確認しながら読むとよい。

上の文章の場合、「うしろ」とは誰のうしろなのかを考えながら読む必要がある。一つ目と二つ目の「うしろ」は別のもののうしろなので、気をつけて読み取ろう。

解答　ウ

入試必出！ 要点まとめ

動作主指摘問題のポイント

古文は、主語が省略されていることが多い。古文を正しく読み取るには、省略されている主語を補い、「誰がどうしたのか」を一つ一つ確認しながら読むことが大切である。次に挙げているポイントに気をつけながら、主語を読み取っていくとよい。

① 登場人物はわかりやすくする
→四角や丸で囲むなどし、「誰が登場人物か」を一目でわかるようにしておくとよい。

② 「て」に着目する
→「～て、～て」とつながる文は、主語が同じであることが多い。現代語でも、「ごはんを食べ㋢、学校へ行った」などという場合、「食べて」の動作主も「行った」の動作主も同じ人物である。

実力チェック問題

解答・解説 別冊 P. 13

1

59%

次の文章を読んで、あとの問いに答えなさい。

烏《からす》、*鵜《う》にいへるは、いかに鵜殿、*御身は*果報なるものかな。水の上に身を浮かめて息《いこ》ひながら、何の苦労もなく、腹の下なる魚を安々と取りて食し給《たま》ふものかな。我等《われら》は終日ア飛びあるきても食にあふ事少なく、たまたま乾《ほ》したる魚又は*菓子《このみ》などを見付けても、皆主有りて守りきびしければ、*むねをひやして、*さふなく取り得る事かたし。此故《この》に食つねに不足して苦し。疲れて羽を息《やす》めんとして木にイ止《とど》まれば、又脚の労あり。御身をウ学びて水に入りて魚をとらんとすれば、忽《たちま》ちに水喰《くら》ふ。あな羨《うらやま》しの鵜殿や。飽《あ》き満《み》ち給ふ食を少し此方《こなた》へも施し給へかし。*吝惜《しはき》御心かな、といふ。鵜答へていふ、烏殿烏殿、*さな思ひ給ひそ。それより見給ふには、水にエ浮かびて何の苦もなくて食を得侍《はべ》ると思ひ給ふべけれど、水の中にて足を働かす事少しも隙《ひま》なし。其《そ》の苦労大方《おほかた》の事にあらず。其の上魚も生ある物なれば、中々心易く取り得る事かたし。

（西川如見「町人袋《ちょうにんぶくろ》」より）

（注）*鵜＝水鳥の一種。
*御身＝あなた。
*果報なるもの＝幸せ者。
*菓子＝木の実。
*むねをひやして＝ひやひやして。
*さふなく＝簡単に。
*吝惜御心＝けちな考え。
*さな思ひ給ひそ＝そのように思ってはいけない。

問い ——線部ア～エのうち、鵜の動作を表しているものを、一つ選びなさい。

（北海道）

2

55%

次の文章を読んで、あとの問いに答えなさい。

いにしへの家の風こそうれしけれかかることのはちりくと思へば

後冷泉院《ごれいぜいゐん》(後冷泉天皇ご在位のとき)の御時に、十月ばかりに、月のおもしろかりけるに、*女房《にょう》《ばう》(天皇が女房たちを)達あまた具して(連れて)、*南殿に出《い》でさせおはしまして(お出ましになって)、遊ばせ給《たま》ひける(月見の宴をなさったとき)に、かへでのもみぢを折らせ給ひて、女房の中に、*伊勢大輔《いせのたいふ》が孫のありけるに、①投げつかはして、「この中には、おのれぞせむ」とておほせられければ(おっしゃったところ)、程もなく、②申しける歌なり。これを聞こし召して(お聞きになって)、「歌がら(歌の品格)はさるものにて、疾《と》さこそ、おそろしけれ」とぞ、おほせられける。されば、なほなほ(いよいよ)、少々の節はおくれたりとも、疾く詠《よ》むべしとも覚《おぼ》ゆ。

（源俊頼「俊頼髄脳《としよりずいのう》」より）

（注）*女房＝宮中に仕える女官。
*南殿＝宮中で公式の儀式を行う所。
*伊勢大輔＝平安時代の女流歌人。

問い ——線部①「投げつかはし」・②「申し」の主語として適切なものを、次のア～オからそれぞれ一つ選んで、その記号を書きなさい。

ア 後冷泉天皇
イ 伊勢大輔
ウ 伊勢大輔の孫
エ 他の女房
オ 筆者

（兵庫県）

古文の内容理解 ①

例題

正答率 (1) 63% (2) 61%

次の文章を読んで、あとの問いに答えなさい。

今はむかし、池のほとりにかへるあまた集りていふやう、「あはれ生きとし生けるものの中に、人ほどうらやましきものはなし。われら、いかなればかかる生をうけて、手足をばそなへながら、水を泳ぐを*能として、陸《くが》にあがりては*つくばひ居《を》り、行く時も心のままに走り行くことかなはず、ただひよくひよくと跳ぶばかりにて*早為《はやわざ》もならず。いかにもして人のごとく立ちて行くならば良かるべし。いざや*観《くわん》音《おん》に①願《ぐわん》をかけて、立つことを祈らん」とて、観音堂《くわんおんだう》にまゐりて、「願はくはわれらをあはれみ給《たま》ひ、せめてかへるの身なりとも、人のごとくに立ちて行くやうに守らせ給へ」と祈りける。まことの心ざしを②あはれとおぼしめしけん、そのまま後《うしろ》の足にて立ちあがりけり。

（「浮世物語《うきよものがたり》」より）

（注）＊能＝能力。　＊つくばひ居り＝はいつくばっている。　＊早為＝素早い動作。　＊観音＝観世音菩薩《かんぜおんぼさつ》。

(1) ――線部①「願をかけて」とあるが、何を祈ったのか。「ことができるように」につながるように、八字以上、十字以内（句読点は含まない）で、現代語でまとめ、書きなさい。

(2) ――線部②「あはれとおぼしめしけん」の主語として最も適切なものを、次から一つ選び、その記号を書きなさい。

ア 人　**イ** 観音

ウ かへる　**エ** 作者

（福岡県）

解き方・考え方

●問題をどう解くか

(1) かえるたちが観音に祈ったことは「願はくは～守らせ給へ」である。「人のごとくに立ちて行く」ことを願っているので、これを字数内でまとめればよい。(2)は、かえるたちの願い事をかなえたのは誰かを考える。ここでの「あはれ」は、気の毒に思う気持ちを表している。

●ミスをどう防ぐか

古典では、動物が人間のように話したり動いたりする文章が多い。かえるが人間のように立ちたいと考えるなど、面白い内容を味わいながら読もう。

解答

(1)（例）人のように立って進む（十字）　(2)イ

要点まとめ

入試必出！

古文の頻出ジャンル - 物語について

「物語」の意味は広いが、ここでは江戸時代初期の庶民的読み物である「仮名草子《かなぞうし》」というジャンルから、『浮世物語』を取り上げている。『浮世物語』は、ここで出題した福岡県以外でも、過去、秋田県、大分県、山口県、鹿児島県などで出題されている。その割に受験生にとってはなじみの薄い作品であろう。

物語なので、あらすじを追いながら、そこに描かれているおおまかな場面をおさえて内容を読み取ろう。また、あらすじを追う際には、登場人物が誰でどのようなことをしているのか、ということを丁寧におさえておくことが重要である。

実力チェック問題

解答・解説 別冊 P. 14

1

次の文章を読んで、あとの問いに答えなさい。

　*異朝に負局《ふきょく》といふ仙人ありき。この仙人は希代の術どもほどこして、人の喜ぶことを、もっぱらに好めり。あるとき、天下の人民、疾病にをかされて、あるひは死し、あるひは苦しむこと、おしなべて見えたり。医工をほどこすといへども、しるしをえず。ただたのむかたは、①天道《てんたう》に心を入れて、おのおの祈誓《きせい》申すばかりなり。かく万民の嘆き悲しびけるを、負局こそ、深くあはれに思ひ、深谷へ*ゆいて、岩のはざまにしたたる水を、*八功徳水《はっくどくすい》なればとて、②心のままに湧きいだしけり。その水の色は、いかにも鮮やかにして白し。この功徳水をくみて、瓢箪《へうたん》に入れ、*杖《つゑ》にかけて、国々をめぐりて、疾病にをかさるる人をみては、その者のもちける鏡をとって、かの功徳水をもってみがき、あらためて病人にみせければ、たちどころに、病療しかのみならず、はだへもうるはしく、齢《よはひ》もながしと*云々《うんぬん》。病人は喜びに堪《た》へで、*まひなひを引きければども、あへて一銭もうけ侍《はべ》らず。かくして四百余州をめぐりて、人民をたすけ侍る。されば、一切の仙人の長といへり。年月をへて失《う》せければ、人々、かれが恩を謝せんために、かの八功徳水の上に*ほこらを建てて、神に祭りてうやまへりと云々。

（「室町殿物語」より）

（注）＊異朝＝今の中国のこと。
＊ゆいて＝行って。
＊八功徳水＝八つの優れた点がある水。
＊杖にかけて＝杖の両端に瓢箪《ひょうたん》を引っかけ、担《かつ》いで。
＊云々＝〜ということである。
＊まひなひ＝贈り物。
＊ほこら＝神を祭る小さな社。

絶対落とすな!! 90%

(1) ――線部①「天道に心を入れて、おのおの祈誓申すばかりなり」とあるが、人々が天に祈るしかない理由として、最も適切なものはどれか。

ア 病気を治さないと、八功徳水を手に入れられないから。
イ 病気を治したいが、医術では全く効果がなかったから。
ウ 病気を治した者が、感謝の気持ちを伝えたかったから。
エ 病気を癒やすため、恵みの雨を降らせようとしたから。

69%

(2) ――線部②「心のままに湧きいだしけり」の意味として、最も適切なものはどれか。

ア 自分の思った通りに八功徳水を湧き出させた。
イ 病人のために各地で八功徳水を湧き出させた。
ウ 天の意向で仕方なく八功徳水を湧き出させた。
エ 万民の言うがままに八功徳水を湧き出させた。

絶対落とすな!! 85%

(3) 本文において、負局はどのように描かれているか。

ア 人々から受けた恩恵をいつまでも忘れず、感謝の気持ちを伝えるために、諸国を旅しながら恩返しをした。
イ 厳しい修行に励み、自分自身のためだけの究極の術を習得したことで、多くの仙人から長として敬われた。
ウ 各地を歩き病気で苦しむ万民のために尽力したことで、多くの人々から慕われ、後世に神として祭られた。
エ 誰よりも信心深いところがあり、神を敬うために様々な場所にほこらを建て、人々と共に祈りをささげた。

（栃木県）

古文の内容理解 ②

例題

正答率 → 65%

次の文章を読んで、あとの問いに答えなさい。

＊一条の二位の入道のもとに、高名の跳ね馬(うわさに高い暴れ馬)出《い》で来たりけり。＊秦頼久《はたのよりひさ》をめして乗せられたりけるに(呼び寄せなさってお乗せになったのだが)、ひとたまりもせず跳ねおとされけるを、父敦頼《あつより》が七十有余(七十歳あまり)にて候《さうら》ひけるが、これを見て、「わろくつかうまつるものかな(下手な乗り方をするものだ)。敦頼はよも落ちじ(私ならば落ちはすまいに)。」とぞ申しけるを、老後にいかがとは(年を取っているからどんなものかと)入道おもひながら、「さらば乗れかし(それならば乗ってみよ)。」といはれたりければ(おっしゃったので)、やがて乗りて、すこしも落ちざりけり。人々目を驚かしけり。

（「古今著聞集《ここんちょもんじゅう》」より）

（注）＊一条の二位の入道＝藤原能保《ふじわらのよしやす》のこと。　＊秦頼久＝貴人の警護に当たり、馬術にすぐれていた。敦頼はその父。

問い　本文の展開に従って、次のア～エの文を並べかえ、その記号を書きなさい。

ア　頼久は、暴れ馬からすぐに落とされてしまった。
イ　敦頼は、暴れ馬を乗りこなすことができた。
ウ　入道は、敦頼に暴れ馬に乗ってみよと言った。
エ　敦頼は、私なら暴れ馬から落ちはしないと言った。

（埼玉県）

解き方・考え方

●問題をどう解くか

全体のあらすじを確認する問題。「跳ね馬」をめぐっての、「入道」、「頼久」、「敦頼」の三人の行動を読み取る。

「跳ね馬」が来て初めに乗ったのは「頼久」だったが、すぐに落馬してしまった。それを見た頼久の父の「敦頼」は自分なら乗れると言った。「入道」が乗ってみるように言ったところ、「敦頼」が見事に乗りこなした、という内容。

●ミスをどう防ぐか

あらすじを正確につかむには、人物の関係をまず把握すること。また、誰がどのようなことをしているのか、会話部分は誰が言った言葉なのか、などを順に確認していかなければならない。

古典の問題では現代語の訳や注釈がついているものもあるので、読解の手がかりとしたい。

解答

ア→エ→ウ→イ

入試必出！ 要点まとめ

古文の頻出ジャンル - 説話について

「説話」とは、古くから言い伝えられてきた物語や伝説などのことである。ここで取り上げている『古今著聞集』をはじめ、『今昔物語集《こんじゃくものがたりしゅう》』、『宇治拾遺物語《うじしゅういものがたり》』のほか、『十訓抄《じっきんしょう》』、『沙石集《しゃせきしゅう》』などがある。高校入試で頻出のジャンルなので、しっかり読み慣れておくこと。

説話を読み取るときは「教訓は何か」を考えることが大切。特によくテーマとなるのが「神仏を信仰することのすばらしさ」である。

そのほかに親孝行の大切さや、友情の大切さなどを教訓としている話も多い。説話が出題されたときは意識しておきたい。

実力チェック問題

解答・解説 別冊 P. 14

1

66%

次の文章を読んで、あとの問いに答えなさい。

この聖人、そのかみ、*水飲《みづのみ》と言ふ所に住み侍《はべ》りけるころ、木拾ひに谷へ下りける間に、盗人入りにけり。僅《わづ》かなる物ども皆取って遠く逃げぬ、と思うてかへり見れば、もとの処《ところ》なり。「いとあやし。」と思ひて、「猶《なほ》行くぞ。」と思ふ程に、*二時《ふたとき》ばかり、彼《か》の水飲の*湯屋《ゆや》をめぐりて、更にほかへ去らず。

その時に、聖《ひじり》帰り来て、あやしみて問ふ。答へて言ふやう、「我は盗人なり。しかるに、遠く逃げ去りぬと思へども、すべて行く事をえず。是《これ》ただ事に非《あら》ず。今に至りては、物を返し侍らん。願はくは許し給《たま》へ。まかり帰りなむ。」と言ふ。聖のいはく、「*なじかは、罪深くかかる物をば取らむとする。ただ欲しう思うてこそは取りつらん。更に返しうべからず。それなしとも、我、事かくまじ。」と言ひて、盗人に猶取らせてやりける。*おほかた、心にあはれみ深くぞありける。

（「発心集《ほっしんしゅう》」より）

（注）＊そのかみ＝その昔。　＊水飲＝京都の地名。　＊二時ばかり＝約四時間。
＊湯屋＝風呂場《ふろば》。　＊なじかは＝どうして。　＊おほかた＝実に。

(1) ——線部「更に返しうべからず。それなしとも、我、事かくまじ」とは、どういう意味か。

ア まったく返す必要はない。返してもらわなくても、わたしは不自由することはないだろう。

イ まったく返さないのはよくない。少しでも返してもらえるなら、わたしは満足するだろう。

ウ まったく返してほしくない。返してもらったとしても、わたしは不愉快に思うだけだろう。

エ まったく返さないつもりなのか。返してもらえないと、わたしは困ったことになるだろう。

絶対落とすな!! 80%

(2) 本文の内容と合うものはどれか。

ア わずかな持ち物を与えようと意地を張る聖人を、盗人は気の毒だと思っている。

イ 悪事を働いた事情を聞いてくれない聖人に対し、盗人は強い反感を抱いている。

ウ 聖人のものを盗んだ盗人に対し、聖人は寛大で情け深い心をもって接している。

エ 盗人が二度と罪を犯さないように、聖人は心を鬼にして厳しい罰を与えている。

（栃木県）

2

次の文章を読んで、あとの問いに答えなさい。

小僧あり。小夜《さよ》ふけて長棹《ながざを》をもち、庭をあなたこなたと振りまはる。坊主《ぼうず》これを見つけ、「それは何事をするぞ」と問ふ。「空の星がほしさに、うち落とさんとすれども落ちぬ」と①。「さてさて鈍なるやつや。それほど②作がなうてなるものか。そこからは棹がとどくまい。屋根へあがれ」といはれた。お弟子《でし》はとも*候《さぶら》へ、師匠の*指南ありがたし。

星一つ見つけたる夜のうれしさは月にもまさる*五月雨《さみだれ》の空

（「醒酔笑《せいすいしょう》」より）

（注）＊とも候へ＝ともかくとして。　＊指南＝教え。　＊五月雨＝梅雨。

絶対落とすな!! 92%

(1) ——線部①「と」のあとにことばを補うとすれば、どのようなことばがよいか。最も適当なものを、次から選び、その記号を書きなさい。

ア 思ふ　**イ** 聞く　**ウ** 答ふ　**エ** 行く

57%

(2) ——線部②「作」は、ここでは「工夫」という意味である。本文中で坊主が工夫として述べているのはどのようなことか。現代のことばで十字以内で書きなさい。

（大阪府）

古文の内容理解 ③

例題

正答率 76%

――線部「なげおく」とあるが、何を「なげおく」というのか。あとのア～エから選びなさい。

「この筆はいとわろし。三度《みたび》四度《よたび》*ものすれば、皆かぶろ*のやうになりぬ。」とて、とみに*物書くをりは、墨もすらず、硯《すずり》の海をかいまはし、書き果つれば、なげおくにぞ、硯やり*秘閣《ひかく》のはざまなどに横たはりて、いつか先も釣針《つりばり》の様になりて、乾きにかわきたるを、又をしげなくたてざまに干潟*のあたりにて、音出《い》づるばかりにかいまはし、あるは歯もてかみくだき、又は墨もて先をおしひしぎて書きつ。かくてはいかで命の長かるべき。

よき筆をば、まづかさ*とるも静めてし、物書いたるあとにても、洗ひものし、紙におしあて、又はすかし見て、一筋も乱さじとして置くめり。いとど命の長かるべきことわりなり。早くそじなむ*と思ふをば、いとあらあらしくしなして、「これ見たまへ、三度四度にて、はやかくなりし。」といふもをかし。

（「花月草紙」より）

（注）＊ものすれば＝使うと。　＊かぶろのやう＝ここでは「筆の穂先がすり切れた状態」のこと。　＊とみに＝急いで。　＊秘閣＝短くなった墨を挟んで持つための道具。　＊干潟＝硯の、墨をする部分。　＊かさ＝筆の穂先を保護するためにかぶせる筒。　＊そじなむ＝傷んでしまうだろう。

ア　筆
イ　墨
ウ　硯
エ　紙

（北海道）

解き方・考え方

●問題をどう解くか

（注）の意味を参考にしながら、何について書かれた文章なのかをとらえることが大切である。

第一段落の冒頭に「この筆は」、第二段落には「よき筆をば」とあるので、筆について書かれたものであることがわかる。第一段落では、筆をぞんざいに扱う様子が書かれている。「なげおく」は、ほったらかしにしておくという意味で、雑に筆を扱ったあと、筆をほったらかしにしておく、ということである。

●ミスをどう防ぐか

例題は随筆である。随筆は、日常の出来事や事物から筆者の注意を引いた出来事や事物について書かれた文章。筆者が、どのような対象について、どのような感想・意見を述べているかが重要なポイント。上の文章では、第二段落が筆者の意見になっている。

解答

ア

入試必出！ 要点まとめ

覚えておきたい重要古語 ①

① なさけなし＝無風流だ。思いやりがない。嘆かわしい。
② にほふ＝あざやかに色づく。きわだって美しく映える。
③ さうざうし＝ものたりない。心さびしい。
④ むつかし＝うっとうしい。気味が悪い。
⑤ わたる＝通る。行く。年月を送る。
⑥ いとほし＝気の毒だ。困る。
⑦ あからさま＝にわかに。ふと。ちょっと。
⑧ すさまじ＝興ざめだ。ひどい。＊不調和な感じによる不快感。
⑨ 年ごろ＝長い年月。この何年もの間。数年来。
⑩ ゆゆし＝おそれ多い。たいへん。

1

次の文章を読んで、あとの問いに答えなさい。

備前岡山《びぜんおかやま》、*表具師《ひやうぐし》幸吉《こうきち》といふ者、*一鳩《きう》をとらへて、その身の軽重、羽翼《うよく》の長短をはかり、我が身の重さを*かけくらべて、自《みづか》ら羽翼を製《せい》し、機《からくり》を設けて、胸の前にてあやつり打ちて飛行す。地より*すぐにあがることあ*たはず。屋上より羽《は》打ちていづ。

ある夜、郊外《まちはづれ》をかけりまはりて、*一所野宴《ひとところやゑん》するを下《くだ》し見て、もし知れる人にやと近よりて見んとするに、地に近づけば風力弱くなりて、思はず落ちたりければ、①その男女おどろき叫びて逃《のが》れ走りける。あとに*酒肴《さけさかな》*さはに残りたるを、幸吉*あくまで飲み食ひして、また飛び去らんとするに、地よりはたちあがり難《がた》きゆゑ、羽翼をおさめて*歩《かち》して帰りける。

後《のち》にこの事あらはれ、町奉行《まちぶぎやう》の庁に呼び出され、②人のせぬ事をするは、*なぐさみといへども一つの罪なりとて、両翼を取りあげ、その住める巷《まち》を追放せられて、他の巷にうつしかへられける。

一時の笑ひぐさのみなりしかど、珍《めづら》しき事なれば記《しる》す。

（「筆のすさび」より）

（注）*表具師＝書画を掛《か》け軸や屏風《びょうぶ》などに仕立てる職人。*一鳩＝一羽のハト。*かけくらべて＝はかり比べて。*すぐに＝直接。*あたはず＝できない。*一所野宴するを＝ある場所で野外の宴会をしているのを。*酒肴＝酒や料理。*さはに＝たくさん。*あくまで＝十分満足するまで。*歩して＝徒歩で。*なぐさみ＝楽しみ。

66%

(1) ——線部①「おどろき叫びて逃れ走りける」とあるが、宴会にいた人たちが驚いて逃げ出したのはなぜか。その理由となっている部分を、文章中から十字でそのまま抜き出して書きなさい。

54%

(2) ——線部②「人のせぬ事」とあるが、これは幸吉が何をしたことを指しているか。文章中から漢字二字でそのまま抜き出して書きなさい。

65%

(3) この文章で述べられている内容と合っているものを、次から選び、その記号を書きなさい。

ア 幸吉は、ハトの体を参考にして作った、機械仕掛けの翼を使って、地面から直接飛び立って見せた。

イ 幸吉は、宴会をしている人たちの酒や料理を横取りしようとたくらみ、こっそりと近づいて行った。

ウ 幸吉は、酒と料理を満喫した後、その場所から飛び去ろうとしたが、飛び立てなかったため、歩いて帰った。

エ 幸吉は、自分の行動を町奉行にとがめられたが、翼を奉行所に献上することを条件に、罪を許してもらった。

（高知県）

2

次の文章を読んで、あとの問いに答えなさい。

〔ある人物が、望遠鏡を使って自分の領土を見ていた。すると、はるか向こうの松の大木のこずえに、鶴《つる》が巣をつくって雄雌のつがいの親鳥がえさを運んでひなを育てている様子や、ひなが首を並べて巣の中に並んでいる様子などを見ることができた。〕

ある時右松の根より余程太き黒きもの段々右木へ登るさま、うはばみ（大蛇）の類《たぐ》ひなるべし。「やがて巣へ登りて鶴を取り喰《く》ふならん。あれを制せよ。」と、人々申し騒げども詮方《せむかた》なし（どうしようもない）。

（「耳嚢《みみぶくろ》」より）

64%

問い ——線部「あれを制せよ」とあるが、どのようなことを阻止せよと言っているのか。現代の言葉で、十字以内で書きなさい。

（広島県）

融合文 ①

例題

正答率 Ⅰ 50% Ⅱ 82% 絶対落とすな!!

次の文章を読んで、あとの問いに答えなさい。

　麻の中の蓬《よもぎ》は*ためざるに、*おのづから直《なほ》しといふたとへあり。蓬は*枝さし、直からぬ草なれども、麻に生《お》ひまじりたれば、ゆがみてゆくべき道のなきままに、心の悪《あ》しき人なれども、うるはしく生ひのぼるなり。心の悪《あ》しき人なれども、*心ならず、*うるはしくうちある人の中に交はりぬれば、さすがにかれこれを*はばかるほどに、おのづから直しくなるなり。(「十訓抄《じっきんしょう》」より)

(注) *ためざるに＝力を加えなくても。　*おのづから直し＝自然とまっすぐである。　*枝さし＝枝ぶりが。　*心ならず＝知らず知らず。　*うるはしく＝正しくきちんと。　*はばかる＝気づかう。

　孔子曰はく、「*益《えき》する者の三友あり。*直《ちょく》なるを友とし、*諒《まこと》なるを友とし、*多聞《たぶん》なるを友とするは、益するなり。」

(「論語」より)

(注) *益する＝ためになる。　*直なる＝正直な者。　*諒なる＝誠実な者。　*多聞なる＝物知りな者。

問い　次の文章は、本文について説明したものである。これを読んで、□にあてはまる言葉を、本文中からⅠは十字で、Ⅱは二字でそのまま書き抜きなさい。

・「十訓抄」では、良い友人について「麻」と「蓬」のたとえを用いて述べている。「麻」は、「Ⅰ」をたとえたものである。「論語」では、ためになる友人を三種類挙げている。三種類のうち、「Ⅱ」である者については、困ったときに知恵を出してくれる友人を例にとって考えると理解しやすいだろう。この二つの文章は、書かれた国や時代は違っているが、どちらも、私たちに友人の大切さを示している。

(福島県)

解き方・考え方

●問題をどう解くか

　異なる二つの文章を比べながら読む。どちらも友人の大切さについて述べている。

「十訓抄」では、心の悪い人でも良い友人の中に交われば自ずから良くなっていくということを麻と蓬にたとえて説いている。

「論語」では、三種類の友人の大切さを説いている。このうち「知恵」を出してくれるのは「多聞なる」友人だと読み取れる。表現方法の違いを味わおう。

●ミスをどう防ぐか

　異なるタイプの文章であるからといって、あわてることはない。この場合の「友人」のように、共通する点やテーマに沿って、比べながら読むことが大事である。

　そのうえで、詳細な部分を読み誤らないよう注意しよう。

解答

Ⅰ うるはしくうちある人　Ⅱ 多聞

入試必出！ 要点まとめ

覚えておきたい重要古語②

① あさまし＝驚きあきれるばかりである。＊意外な様子。
② 案内《あない》＝従者に取り次ぎを求めること。
③ おとなし＝大人らしい。大人びている。
④ すでに＝すっかり。まさに。
⑤ なほ＝やはり。
⑥ ふと＝簡単に。すっと。＊動作のすばやい様子も表す。
⑦ めでたし＝すばらしい。立派だ。
⑧ をかしげ＝かわいらしく見えるさま。＊「げ」を接尾語という。
⑨ けしき＝様子。態度。
⑩ やうやう＝しだいに。だんだんと。

解答・解説 別冊 P. 15

1

次の文章を読んで、あとの問いに答えなさい。

つれづれなるままに、日ぐらし、硯《すずり》にむかひて、心にうつりゆくよしなしごとを、そこはかとなく書きつくれば、あやしうこそものぐるほしけれ。

（これといってすることがないのにまかせて、一日中、硯に向かいながら、心に次々と浮かんでくる、とりとめもないことを、あてもなく書きつけていると、不思議にわけのわからない気分になってくる。）

この一文は、日本人にとってきわめてなじみ深いものと言えるでしょう。『徒然草』は古文の教材としてよく取り上げられますので、冒頭のこの文章を教室で習わなかった人はほとんどいないと思います。そして、兼好があまりにも高名なこの一文を創作したことに疑問を持つことは、あまりありません。

しかし、すべてを兼好個人が考えついたものではないのです。

『徒然草』が執筆されたのは、十四世紀前半。その約三百年ほど前、『源氏物語』が執筆されたのと同じ頃に活躍した女流歌人和泉式部《いずみしきぶ》の歌集（宸翰《しんかん》本和泉式部集）に次のような表現があります。和歌の前に記される詞書《ことばがき》の全文です。

つれづれなりし折、よしなしごとにおぼえし事、世の中にあらまほしきこと。

（これといってすることがない時に、とりとめもなく思いついたこと、世の中にあってほしいと思うこと〈を詠《よ》んで〉。）

何をするということもない所在ない様子を表す「つれづれ」、そしてとりとめもないことという意味の「よしなしごと」という語を含むこの文章は、『徒然草』序文のかなりの部分と重なり合っています。

同じ和泉式部の歌集（和泉式部正集）には、次のような詞書もあります。

いとつれづれなる夕暮れに、端《はし》に臥《ふ》して、前なる前栽《せんざい》どもを、唯《ただ》に見るよりはとて、物に書きつけたれば、いとあやしうこそ見ゆれ。さばれ人やは見る（後略）。

（これといってすることがない夕暮れ時に、縁側に横になって目の前にあるいろいろな植え込み〈前栽〉を、ただ眺めているよりはましだと思って、歌に詠んで紙に書きつけてみると、たいそう妙だと感じられる。えい、どうとでもなれ、ほかの人が見たりはしないのだから。）

ここでは、「つれづれ」「書きつく」「あやし」が『徒然草』と共通しています。

和泉式部はすぐれた和歌を数多く詠んでおり、歌人でもあった兼好が、その歌集を読まなかったとは思えません。

つまり、一個人の独創であるかに見える名文にも、このように先行する表現があって、すべてが新見というわけではないのです。

（鈴木健一「知ってる古文の知らない魅力」より）

56%

問い ——線部「和泉式部の歌集（宸翰本和泉式部集）に次のような表現があります」とありますが、筆者が和泉式部の歌集の表現を引用したのは何のためですか。次の【説明】の（①）〜（③）にあてはまる語句の組み合わせとして最も適切なものを、あとのア〜エの中から一つ選び、記号で答えなさい。

【説明】

> 『徒然草』の序文は（①）ではなく、（②）があるということを（③）するため。

ア ①兼好の執筆　②共通する表現　③比較

イ ①兼好の独創　②先行する表現　③例示

ウ ①兼好の盗作　②独創的な表現　③強調

エ ①兼好の創作　②盗作的な表現　③否定

（鳥取県）

融合文 ②

例題 正答率 → 71%

次の二つの文章を読んで、あとの問いに答えなさい。

〈おくのほそ道の文章〉

はるかに一村《いっそん》を見かけて行くに、雨降り日暮るる。農夫の家に一夜《いちや》を借りて、明くればまた野中を行く。そこに野《の》飼《か》ひの馬あり。草刈る男《をのこ》に嘆き寄れば、*野夫《やぶ》といへどもさすがに情《なさ》け知らぬにはあらず。「いかがすべきや。されどもこの野は東西縦横《じゅうわう》に分かれて、うひうひしき旅人の道踏みたがへむ、*あやしうはべれば、この馬のとどまる所にて、馬を返したまへ」と貸しはべりぬ。

（注）＊野夫＝田畑に出て働く男。 ＊あやしうはべれば＝心配ですので。

〈真理さんの発表原稿〉

芭蕉《ばしょう》が、門人の曾良《そら》と那須《なす》の黒羽《くろばね》に知人を訪ねたときのことです。

夕立が降り出して、日も暮れてしまいました。そこで農夫に一晩の宿を借りました。

翌朝、草刈りをする野夫に出会い、「馬を貸してくれないか」と頼み込んだところ、野夫は「このあたりは東西縦横に道が分かれていて、年若い旅人は、道をまちがえてしまうでしょう。心配ですから、馬を貸しましょう。馬が立ち止まった所で、追い返してください」と言って貸してくれました。

問い ――線部「頼み込んだところ」は、〈おくのほそ道の文章〉中のどの言葉と対応しているか。五字で抜き出して書きなさい。（長野県）

解き方・考え方

●問題をどう解くか

古文と現代文を関連づけて理解度を問う問題は多い。古文の一節ずつを現代文と照らし合わせて読もう。

「嘆く」は「悲しむ、ため息をつく」などの意味があるが、ここでは「願う、望む」の意味なので注意する。

●ミスをどう防ぐか

古文の一部と現代文の一部をいい加減に結びつけて読むと、混乱してしまう。それを防ぐために、古文中の意味がわかる部分に印をつけ、現代文のどこにその部分があるかを見つけ、同じように印をつけておくとよい。

そのようにして理解できる部分をおさえてから難しい部分を読む参考にするとよい。

解答 嘆き寄れば

入試必出！ 要点まとめ

発表文・意見文付き古文のポイント

例題のように、発表文・意見文の中に、古文の大意が含まれているような場合は、古文の理解の大きな助けとなる。そうはいっても、古文の方をおろそかにしないこと。多くの場合、今回取り上げた問題のように、古文と発表文・意見文を関連づけた問題が出題されるからである。

二つの文章を、関連づけながら読み進めれば、どちらの意味も読み取りやすくなる。文章が二つあることを「大変だ」ととらえるのではなく、「文章を理解するためのヒントをもらった」ととらえ、丁寧に読み取るようにしたい。

実力チェック問題

解答・解説 別冊 P. 15

1

次の文章を読んで、あとの問いに答えなさい。

山本さんのクラスでは、国語の授業で、友達に本を紹介する「ブックトーク」に取り組むことになりました。山本さんは、興味のあった「平家物語」を紹介することにしました。

次は、山本さんの発表原稿の下書きです。

鎌倉時代《かまくらじだい》に成立した物語で、作者は、はっきりとはしていませんが信濃前司行長《しなののぜんじゆきなが》といわれていて、内容は、平家一族の繁栄から没落までが書かれている「平家物語」について紹介します。表現の特色としては、人物の描写の豊かさや色彩表現の鮮やかさ、音の描写が効果的に使われていることなどがあります。また、物語の冒頭の部分は特に有名です。

では、物語の一場面を朗読します。朗読するのは、屋島《やしま》の戦いで、「舟端に立てた扇を射てみろ。」という平家の挑発に、那須与一《なすのよいち》が、義経《よしつね》の命令で的を射る場面です。与一が「あたるかどうかわかりませんが、いたしてみましょう。」と言って馬に乗って行くのを、義経が見送るところから始まります。登場人物の心情や表現などを意識して聞いてみてください。

与一かさねて辞せばあしかりなんとや思ひけん、「はづれんは知り候《さうら》はず、御定《ごぢやう》で候へば、仕《つかま》つてこそ見候はめ。」とて、御《おん》まへを罷《まかり》立ち、黒き馬のふとうたくましいに、小ぶさの鞦《しりがい》かけ、まろぼやすつたる鞍《くら》おいてぞ乗つたりける。弓とりなほし、手綱《たづな》かいくり、みぎはへむいてあゆませければ、みかたの兵《つはもの》共うしろをはるかに見おくつて、「この若者一定《いちぢやう》仕り候ひぬと覚え候ふ。」と申しければ、判官《はうぐわん》もたのもしげにぞ見たまひける。

矢ごろすこしとほかりければ、海へ一段ばかりうちいれたれども、猶《なほ》扇のあはひ七段ばかりはあるらむとこそ見えたりけれ。ころは二月十八日の酉《とり》の刻ばかりの事なるに、をりふし北風激しくて、磯《いそ》うつ波も高かりけり。舟はゆりあげゆりすゑただよへば、扇も串《くし》に定まらずひらめいたり。沖には平家、舟を一面に並べて見物す。陸《くが》には源氏、くつばみを並べて是《これ》を見る。いづれもいづれも晴ならずといふ事ぞなき。与一、目をふさいで、「南無八幡大菩薩《なむはちまんだいぼさつ》、我が国の神明《しんめい》、日光の権現《ごんげん》、宇都宮、那須《なす》の湯泉大明神《ゆぜんだいみやうじん》、願はくはあの扇の真ん中射させてたばせたまへ。これを射損ずるものならば、弓切り折り自害して、人に二《ふた》たび面《おもて》を向かふべからず。いま一度本国へ迎へんとおぼしめさば、この矢はづさせたまふな。」と、心のうちに祈念して、目を見開いたれば、風も少し吹き弱り、扇も射よげにぞなつたりける。与一、鏑《かぶら》を取つてつがひ、よつ引《ぴ》いてひやうど放つ。小兵《こひやう》といふぢやう、十二束三伏《そくみつぶせ》、弓は強し、浦響くほど長鳴りして……

どうでしょうか。場面がうまくイメージできたでしょうか。また、弓を射る場面の、与一の□という覚悟が伝わりましたか。そして、放たれた矢は、この後どうなったのでしょうか。この続きは、ぜひ、読んでみてください。

平家物語には、この他にも、どきどきしたり、心を打たれたりする場面がたくさんあります。古典を読むことはつまらないという人もいますが、私はそうは思いません。ぜひ平家物語や他の古典を読んでみてください。

58%

問い 文章中の□に入る内容を、十五字以内で書きなさい。

（宮崎県）

例題

正答率 75%

次の文章の――線部「木の股《また》に突《つ》い居《ゐ》て、物見るあり」の部分の現代語訳に相当する部分を、本文中から二十字以内でそのまま抜き出して書きなさい。なお、句読点も一字に数えるものとする。

五月五日《さつきいつか》、賀茂《かも》の競《くら》べ馬を見侍《みはべ》りしに、車の前に雑人《ざふにん》立ち隔てて見えざりしかば、おのおの下《お》りて、埒《らち》の際《きは》に寄りたれど、殊《こと》に人多く立ち込みて、分け入りぬべきやうもなし。

かかる折に、向かひなる楝《あふち》の木に、法師の登りて、木の股に突い居て、物見るあり。取り付きながらいたう睡《ねぶ》りて、落ちぬべき時に目を覚ますこと、度々なり。

（「徒然草《つれづれぐさ》」より）

五月五日に上賀茂神社《かみがもじんじゃ》で行われる競べ馬を見物しようと、兼好が牛車に乗って出かけてゆく。到着してみると、既に牛車の前には人々がびっしりと立《た》ち塞《ふさ》がっている。とても牛車が入り込む隙間《すきま》はない。しかたなしに車から下りて、馬場の柵《さく》のところまで進もうとするが、そのあたりは特に混雑していてそれもできない。

その時ふと向こうの楝の木の上を見ると、一人の僧が木の股に腰を下ろして見物している。ところが彼は、しっかりと木にしがみついてはいるのだが、居眠りをして落ちそうになっては目を覚ます、ということを何度も繰り返しているのである。

（島内裕子「兼好」より）

（東京都）

解き方・考え方

●問題をどう解くか

古文に対応する解説文や現代語訳を読んで、その意味を理解する。

現代語訳は、一言一句対応するように訳されているとは限らないが、あらすじ通りに書いてあることが多い。古文と現代文を対応させることで、互いの省略されている部分を補って読む工夫が必要である。「法師の登りて」の「登りて」の部分は省略されており、「一人の僧が～」と言い換えられている。

●ミスをどう防ぐか

古文と現代文を一言一句照らし合わせようとするのではなく、古文のこの部分は、解説ではこのようにまとめられていると、大まかに判断しながら読んでいく。

現代文からわかるあらすじをあらかじめ頭に入れておいて、古文を読むと理解が深まる。

解答

木の股に腰を下ろして見物している（十六字）

入試必出！ 要点まとめ

解説文・現代語訳付き古文のポイント

発表文・意見文と同じように、古文と解説文・現代語訳を対応させながら読み進めることが大切である。どちらかに――線が引かれ、その箇所に対応するのは、もう一方の文章のどこかを問われたり、――線部の説明・理由となっている箇所を、もう一方の文章から探すことを求められたりする場合が多い。

解説文・現代語訳付きであっても、古文をおろそかにしていては問題を解くことができないので、丁寧に読むことを心がけよう。

解答・解説 別冊 P. 15

1

次の文章を読んで、あとの問いに答えなさい。なお、あとのBは、本文中のAのもとになる漢文の書き下し文である。

A

孔子《こうし》が呂梁川《ろりょうがわ》にある滝を見ていたときの話だ。

この滝というのは五〇メートルの高さから落ちてきて、すさまじい勢いで流れ下ってゆく――。

魚だって、カワウソだって、棲《す》みつくどころか泳ぐこともできまい。

ところで、孔子が見ているとき、ひとりの男が水のなかに飛びこんだ。

孔子は、弟子たちを川岸に並ばせて、岸から男を引き揚げさせようとした。

ところが男は、一〇〇メートルか二〇〇メートル先のほうで、水面にひょいと出て、岸のほうへと抜き手を切って泳いで来る。岸に上がって、髪は濡《ぬ》れたままで、のん気に歌を歌いながら歩いてゆく。

孔子はその姿に驚いて、追いついて、こう聞いた。

「まあ、君は人間わざじゃないことをするね。いったいあの流れのなかで、どうやって浮いていられたのかね？ちょっと教えてくれないかね？」

「別に特別の方法なんてありませんや。」と男は言う。

「自分の持っているものだけで、十分なんですよ。

自分に備わっている性質と体とを、自然の力に任せただけでさあ。

自然はね、おれが渦巻の底まで行くと、次には浮き上がらせる力がある。それに従って動いていけばいいだけで、何か他《ほか》に考えたりしないのさ。」

孔子が言った。

「いったい、自分に自然に備わったものというのは、何だね？どうも私にはよくわからんのだが、なぜ、自然のままで十分だと言えるのかね？」

「私はね、丘のある土地に生まれ育ったから、丘は安全だと思っている。それに小さいときから水に慣れて育ったから、水を安全だと思っている。これが私のなかに備わった自然の本質ですよ。

別に自分のしているのは学んだわけじゃない――。

ただ、大きな力に任せて動いているだけさ。」

ここには老子《ろうし》は出てこないが、代わりに老子の思想を身をもって実践している男が登場し、彼の姿を通して老子思想が見事に語られている。

（加島祥造「現代人の内なる老子と孔子」より）

B

孔子曰《いは》く、＊何をか故《こ》に始まり、性に長じ、命《めい》に成ると謂《い》ふ、と。曰く、吾《われ》＊陵《りょう》に生まれて陵に安んずるは故なり。水に長じて水に安んずるは性なり。吾の然《しか》る＊所以《ゆゑん》を知らずして然るは命なり、と。

（「荘子」より）

（注）＊何をか故に始まり、性に長じ、命に成ると謂ふ＝生まれたままから始め、自分に備わった性質を伸ばし、天命に任せるところに完成するというのはいったいどういうことかね。　＊陵＝丘。　＊所以＝理由。

67%

問い ――線部「それに小さいときから水に慣れて育ったから、水を安全だと思っている。これが私のなかに備わった自然の本質ですよ。」とあるが、この部分に相当する一文を、Bの書き下し文の中からそのまま抜き出して書きなさい。

（東京都・改）

例題

正答率 52%

――線部「陥サバ子之盾ヲ何如ト」に、書き下し文を参考にして、返り点をつけなさい。

【書き下し文】
楚人《そひと》に盾と矛とを鬻《ひさ》ぐ者有り。之《これ》を誉《ほ》めて曰《い》はく、「吾《わ》が盾の堅きこと、能《よ》く陥《とほ》すもの莫《な》し。」と。又其《そ》の矛を誉めて曰はく、「吾が矛の利《と》きこと、物に於《お》いて陥さざる無し。」と。或《あ》るひと曰はく、「子の矛を以《もつ》て、子の盾を陥さば何如《いかん》。」と。其の人応《こた》ふること能《あた》はざりき。

【漢文】
楚人ニ有リ下鬻グ二盾ト与《と》ヲレ矛者上。誉メテレ之ヲ曰ハク、「吾ガ盾之《の》堅キコト、莫シト二能ク陥スモノ一也。」又誉メテ二其ノ矛ヲ一曰ハク、「吾ガ矛之利キコト、於イテレ物ニ無シトレ不ざルレ陥サ也。」或ルヒト曰ハク、「以テ二子之矛ヲ一、陥サバ子之盾ヲ何如ト。」其ノ人弗ざリキレ能ハレ応フルコト也。

（「韓非子《かんぴし》」より）

・陥サバ子之盾ヲ何如ト

（青森県）

解き方・考え方

●問題をどう解くか

書き下し文を参考にして、漢文に返り点をつける問題はよく出題されるので、レ点と一・二点の基本的な規則を確認して、ふだんから練習して身につけておこう。

左の「要点まとめ」にあるように、レ点は下からすぐ上の一字に返って読むときに用い、一・二点は二字以上を隔てて下から上に返って読む場合に用いる。

●ミスをどう防ぐか

レ点や一・二点を規則に従ってつけたら、誤った部分がないか読んでみるようにしよう。書き下し文に書いてある「子の盾を陥さば何如と」と同じように読めたら正解。

一・二点の順序を逆につけることのないよう注意しよう。

解答

陥サバ二子之盾ヲ一何如ト

入試必出！ 要点まとめ

漢文のルール

① レ点＝一字だけ上に返る場合につける。
2レ 1 例 書クレ字ヲ。→字を書く。

② 一・二点＝二字以上隔てて、上に返る場合につける。
3レ 2レ 1 例 不レ合ハレ理ニ。→理に合はず。
3二 1 2一 例 重ンズ二信義ヲ一。→信義を重んず。

③ レ点と一・二点を組み合わせた場合。
1 2 6レ 5二 3 4一
例 百聞ハ不レ如カ二一見ニ一。→百聞は一見に如かず。

④ 上中下点＝一・二点をはさんで上に返る場合。
5下 3二 1 2一 4上
例 有リ下鬻グ二盾ト与ヲレ矛者上。→盾と矛とを鬻ぐ者有り。

実力チェック問題

解答・解説 別冊 P. 16

1

絶対落とすな!! 84%

次の漢文を書き下し文に改めたものを、あとのア～エのうちから一つ選び、その記号を書きなさい。

> 楽《ハ》 不《ず》レ 可《ベカラ》二 以《もつテ》レ 偽《リヲ》 為《なス》一。

ア 楽はべからず偽りを以て為す。

イ 楽は偽りを以て為すべからず。

ウ 楽は以てべからず偽りを為す。

エ 楽は為す偽りを以てべからず。

（千葉県）

2

76%

次の文章を読んで、あとの問いに答えなさい。

〔これは、中国の董遇《とうぐう》という学者と、彼に学ぼうとした人とのやりとりが書かれた文章である。〕

*人従ひ学ぶ者有るも、*遇《ぐう》教ふるを*肯《がへ》んぜずして*云《い》ふ、「必ず当《まさ》に先《ま》づ読むこと百遍《ぺん》なるべし。」と。言ふは、読書百遍にして義自《おのづか》ら見《あらは》るるなり。

従ひ学ぶ者云ふ、「*日無きを苦渇《くかつ》す。」と。遇言ふ、「当に三余を以《もつ》てすべし。冬は歳《とし》の余り、夜は日の余り、陰雨は時の余りなり。」と。

（「蒙求《もうぎゅう》」より）

（注）*人従ひ学ぶ者有るも＝董遇に従って学ぼうとする者があっても。 *遇＝董遇。 *肯んぜずして＝承諾しないで。 *云ふ＝言う。 *日無きを苦渇す＝書物を読む暇がなく、困っています。

問い ――線部「人従ひ学ぶ者有るも」とあるが、このように読むことができる漢文として正しいものを、次から選び、その記号を答えなさい。

ア 人二 有《ルモ》 従《ヒ》 学《ブ》 者一

イ 人 有《ルモ》 従《ヒ》レ 学《ブ》レ 者

ウ 人 有《ルモ》二 従《ヒ》 学《ブ》 者一

エ 人 有《ルモ》レ 従《ヒ》 学《ブ》 者

（北海道）

3

79%

文章Ⅱは、文章Ⅰのもとになった漢文である。文章Ⅰの［　　］に入る、文章Ⅱの「見《み》二 臥《が》 虎《こヲ》一 射《ルニ》レ 之《これヲ》」を漢字仮名交じりの文にしたものとして最も適当なものを、あとのア～オの中から一つ選びなさい。

文章Ⅰ

〔李広《りこう》は弓の名人で、以前、勇猛な虎をたった一矢で射止めたことがある。〕

（李広）(李広は)また*冥山《めいざん》の陽《みなみ》(南側で)に猟《かり》す(狩りをした)。また［　　］、矢を没《ぼつ》して羽を(矢は羽根の部分まで深く突き刺さった)飲む。進みて(近寄って)これをみるにすなはち(なんと)石なり。その形、虎に類《るい》す(似ていた)。退《しりぞ》きてさらに(いったん離れてもう一度)射るに、*鏃《やじり》破れ(くだけ)*簳《みき》折れて石は傷《きず》つかず。

余《よ》(私は、以前にこのことについて)、かつてもつて*揚子雲《やうしうん》(揚子雲)に問《と》ふ。子雲曰《い》はく、「至誠《しせい》あれば、すなはち(そのときには)*金石《きんせき》ために開く(至誠のために割れる)。」と。

文章Ⅱ

（李 広）復《まタ》 猟《かりス》二 於 冥《めい》 山《ざん》 之《の》 陽《みなみニ》一。又 見《み》二 *臥《が》 虎《こヲ》一 射《ルニ》レ 之《これヲ》、没《ぼつシテ》レ 矢《ヲ》 飲《ム》レ 羽《ヲ》。進《ミテ》 而 視《みルニ》レ 之《これヲ》 乃《すなはチ》 石 也《なり》。其《そノ》 形、類《るいス》レ 虎《ニ》。退《しりぞキテ》 而 更《さらニ》 射《ルニ》、鏃《やじり》 破《レ》 簳《みき》 折《レテ》 而 石《ハ》 不《ず》レ 傷《きずツカ》。

余《よ》、嘗《かつテ》 以《もつテ》 問《とフ》二 揚《やう》 子《し》 雲《うんニ》一。子 雲 日《いハク》、「至《し》 誠《せいアレバ》、則《すなはチ》 金《きん》 石《せき》 為《ためニ》 開《クト》。」

（「西京雑記」より）

（注）*冥山＝山の名。 *鏃＝矢の先端のとがった部分。 *簳＝矢の先端と羽根を除く棒状の部分。 *揚子雲＝中国古代の学者。 *金石＝金属や石のような硬いもの。 *臥虎＝寝そべっている虎。

ア 臥虎を射るにこれを見

イ 臥虎を見これを射るに

ウ これを射るに臥虎を見

エ これを見臥虎を射るに

オ 見臥虎を射るにこれを

（福島県）

漢字　一字漢字の読み方

本冊 P. 9

解答

1　(1)かわ　(2)あわ　(3)くも　(4)ちが　(5)かがや　(6)ふ　(7)やわ　(8)はず

2　(1)うるお　(2)はげ　(3)み　(4)おお　(5)およ　(6)と　(7)たがや　(8)ひた　(9)へだ　(10)こば

3　(1)もう　(2)し　(3)きわ　(4)むく　(5)と　(6)いこ　(7)た　(8)こ　(9)とぼ　(10)おもむ

4　(1)せば　(2)ゆる　(3)とどこお　(4)はなは　(5)あら　(6)つくろ　(7)よい　(8)すた　(9)と　(10)わずら

解説

1　(6)「拭」には、「フく」のほかに、「ヌグう」という訓読みもある。

2　(1)「潤」には、「ウルオす」「ウルオう」のほかに、「ウルむ」という訓読みもある。

3　(6)「憩」を使った熟語には「休憩」などがある。「憩」には「やすむ」の意味があることをあわせて覚えておくとよい。

漢字　一字漢字の書き方

本冊 P. 11

解答

1　(1)支　(2)冷　(3)夢　(4)返　(5)届　(6)伝　(7)豊　(8)染　(9)保

2　(1)例　(2)照　(3)芽　(4)親　(5)枝　(6)飼　(7)借　(8)除　(9)降

3　(1)射　(2)編　(3)費　(4)沿　(5)預　(6)唱　(7)浴　(8)積　(9)和　(10)貸

4　(1)設　(2)抱　(3)補　(4)幹　(5)俵　(6)粉　(7)臨　(8)省　(9)蒸　(10)宿

解説

1　(6)「ツタえる」と同じ意味の熟語には「伝達」がある。

2　(8)「ノゾく」と同じ意味の熟語には「除去」がある。

3　(10)「カす」と同じ意味の熟語には「貸与」がある。

4　(8)「ハブく」と同じ意味の熟語には「省略」がある。

漢字　二字熟語の読み方

本冊 P. 13

解答

1　(1)はくしゅ　(2)なっとく　(3)まんきつ　(4)そうかい　(5)ひんじゃく　(6)おうせい　(7)へんざい　(8)あてさき　(9)しゅんびん

2　(1)せんざい　(2)こうけん　(3)よいん　(4)えいかん　(5)ぞうり　(6)さんぴ　(7)かんがい　(8)ばんたん　(9)しょうれい

3　(1)けんま　(2)しゅし　(3)こんだん　(4)こうとう　(5)おろしね　(6)しさ(じさ)　(7)もほう　(8)ふにん　(9)あんたい　(10)せいしょう

4　(1)ちゆ　(2)えんかつ　(3)かわせ　(4)すんか　(5)てんさく　(6)そせい　(7)かんべん　(8)はんも　(9)きょだく　(10)ぶよう

解説

1　(7)「偏」を用いたほかの熟語には「偏見」などがある。

2　(2)「献」には、「ケン」のほかに「コン」という音読みもある。「献立」は「コンダテ」と読む。

3　(10)「斉」を用いたほかの熟語には「一斉」などがある。

4　(7)「便」を「ビン」と読まないように注意する。

漢字 二字熟語の書き方

本冊 P. 15

解答

1 (1)映画 (2)牛乳 (3)種類 (4)情報
(5)資源 (6)周辺 (7)想像 (8)直接

2 (1)将軍 (2)宇宙 (3)財産 (4)建築
(5)聖火 (6)垂直 (7)提案 (8)欲望
(9)留守 (10)車窓

3 (1)縮尺 (2)複雑 (3)故障 (4)衛星
(5)清潔 (6)配給 (7)責務 (8)模型
(9)財布 (10)演奏

4 (1)熟練 (2)弁論 (3)登頂 (4)招待
(5)展示 (6)貨物 (7)綿密 (8)本領
(9)一丸 (10)昼夜

解説

1 (7)同音異義語には「創造」があるので注意する。

2 (10)「窓」を「ソウ」と読む熟語には、ほかに「同窓」などがある。

3 (6)前の「物資」より、「ハイキュウ」は「決められた割合でくばること」を表す「配給」だと見当をつける。

4 (3)「頂」は「項」と形が似ていて間違えやすいので注意。「項」を用いた熟語でよく出題されるのは「項目」である。

漢字 漢字の知識・書写

本冊 P. 17

解答

1 (1)イ
(2)例 折れのところが丸みを帯び、横画と横画が連続するという特徴。

2 ウ

3 エ

4 十四画

5 ウ

解説

1 (1)——線部aの漢字は「泳」で八画。アは「討」で十画、イは「林」で八画、ウは「均」で七画、エは「祖」で九画である。

2 アの「建」の「廴」は三画で書くことに注意する。

3 bは「衣」の二画目と三画目、四画目と五画目がつながっており、行書で書かれていることがわかる。また、仮名は、aよりもbのほうが小さく書かれているので、正解はエ。イの「筆脈」とは、筆を動かす上での、点画や文字のつながりのこと。

4 ——線部の漢字は「維」。部首の部分を続けて書いているので注意する。

5 ウ「花」の部首の部分の筆順が変化している。

語彙 熟語の構成

本冊 P. 19

解答

1 エ **2** イ

3 イ **4** ウ

5 エ **6** ア

7 ア **8** 非

9 不鮮明

解説

3 「存在」は、「存」も「在」も「(その場に)ある」という意味を持つ、同じ意味の漢字を重ねた熟語である。

4 ウの「光沢」は、「光」も「沢」も「ひかり(つや)」という意味を持つ、同じ意味の漢字を重ねた熟語である。ほかは、上の字が下の字を修飾する組み立て。

5 エ「直接」は、「直《じか》に接する」という意味なので、上の字が下の字を修飾する組み立て。ほかは、同じ意味の漢字を重ねた熟語。

6 イは「氷河」と「期」、ウは「世界」と「的」、エは「記念」と「物」にそれぞれ分けられる。

7 イは「自主」と「的」、ウは「松」と「竹」と「梅」、エは「向上」と「心」にそれぞれ分けられる。

語彙 熟語の知識・ことわざ・慣用句・故事成語

本冊 P. 21

解答

1 ウ　2 ウ　3 エ　4 イ　5 イ

解説

1 ア「言語道断」の読みは「ごんごどうだん」。イは正しくは「無我夢中」。エの意味は、「昔のことを調べて学び、新しい知識を得ること」。

2 「早起きは三文の得」は、「早起きすると、必ずよいことがある」という意味。ウ「果報は寝て待て」は、「幸運は、あせらずめぐってくるのを待て」という意味。

3 ア「徹頭徹尾」は、最初から最後まで、イ「粉骨砕身」は、一生懸命努力すること、ウ「自画自賛」は、自分で自分をほめること。

4 イ「二の舞を演じる」は、前の人と同じ失敗を繰り返すこと。ア「気がおけない」は、気をつかわずにいられる、ウ「立て板に水」は、すらすらと話すこと、エ「他山の石」は、他人のつまらない言行も、自分を修養する助けとなりうるという意味。

5 エ「推敲《すいこう》」は、詩や文章を作り直すことをいい、絵を直すことを「推敲」とはいわない。

語彙 語句の意味

本冊 P. 23

解答

1 ア　2 ア　3 ア

解説

1 思いがけずたまたま出会うことを「出くわす」という。ここでは、膨大な旅の資料や記録の片付けをしているときに、古びた写真の入ったファイルが出てきたことを、「出くわす」と表現している。

2 「気心」とは、「その人が持つ気質や考え方」のことで、「気心が知れてる」は、互いの気心を知っているほど親密であることを表している。アの「気が置けない」も同様の意味を表す言葉。「信用できない」という意味ではないので注意。イ「気を利《き》かせる」は、場の状況や相手の気持ちを配慮して物事を行うこと。ウ「気が気でない」は、気がかりで落ち着かないこと。エ「気を持たせる」は、相手に期待を抱かせること。

3 「心なしか」は「自分の気のせいかもしれないが、そうだと思って見るために、そのように見えること」を意味する言葉。「心なし」だけでも同じ意味で使われる。

現代文 指示語問題

本冊 P. 25

解答

1 飲み込みが悪く、なかなか要領よく仕事ができない人

2 写真を撮ることが職業として成立する（十七字）

3 例 地球最初の生命体が、海のなかに三十三億年間いた（二十三字）

解説

1 ——線部のあとに書かれている、「一度、納得すれば、きちんとそれを自分のものにして、いい仕事をする」のが誰かを考える。指示語の部分が「〜人」で終わっているので、それに対応して「〜人」がある部分を探すとよい。

2 「僕」は「写真に興味を持っていた」ことをふまえて、直前の文からとらえる。雑誌の中に載っているような写真を撮ることを職業にできたらいいだろうな、とあこがれている。

3 ——線部のあとで、「これ」が「当然のこと」と考える理由として、海のよい点を挙げていることに注意する。海の中が都合がよいから、生物がなかなか上陸しなかったのは当然だと述べていることをふまえてとらえる。

現代文 接続語問題

本冊 P. 27

解答

1 ウ
2 エ
3 ア

解説

1 Aには、空欄の前の「環境問題」は「科学技術的な対応」をするべきものだと考えられてきたという内容と、あとの「思想的判断」や「歴史的な知識」が必要であるという内容が対立しているので、逆接の接続語が入る。Bには、「地球環境問題」が「グローバルな問題」である理由が直後に書かれているので、理由を説明することを表す接続語が入る。

2 Aの直前には「利己的でなければ生き延びられない」とあり、直後には「利他行為も当然必要である」とある。前後で内容が対立しているので、逆接の接続語を選ぶ。Bは文末の「〜だろう」と呼応する副詞「おそらく」を選ぶ。

3 空欄の直前で「日本には『ネイチャー』を意味する言葉がなかった」と述べているが、あとでは「『天地《あめつち》』という言葉はあった」と述べているので、例外を示す言葉が入る。

現代文 内容理解問題 ①

本冊 P. 29

解答

1 エ

解説

1 第一段落で述べられている「鉄筋コンクリート造《づくり》の団地で生まれ育った小学生」の例も、第二段落で述べられている、筆者がポルトガルに旅行したときの例も、未知の新しい場所に感じる「懐《なつ》かしさ」について述べている。この「懐かしさ」について、第二段落で「これも自分の中に潜在的にあった記憶の断片のようなものがつながったからでしょう」と述べられていることに着目する。「潜在的にあった記憶の断片」に触れているのは、「潜在的に存在する様々な記憶の断片がつなぎ合わされて」とあるエ。アは「幼少期の記憶から生じる懐かしさ」が不適切。イは、本文では「未知の場所との出会いから生じる喜び」と「情感溢《あふ》れる場所の記憶」とを「比較」していないので不適切。ウは「かつて住んでいた町」については述べられていないので不適切。

現代文 内容理解問題 ②

本冊 P. 31

解答

1 一回的な行為
2 ウ

解説

1 第一段落の冒頭に「大人の本の読み方は〜」とあり、ここで大人の本の読み方を説明していることに着目する。六字という字数指定があるので、大人の本の読み方を簡潔にまとめている「本を読むことは大人にとってはしばしば一回的な行為です」から書き抜くこと。

2 ——線部は、美術館の絵について述べているが、それより前の音楽についての説明もふまえてとらえること。音楽については「音楽を聴くとき私たちは常に、何らかの歴史／文化文脈の中で聴いている」とある。ここでの「文脈」とは、物事の筋道や背景のこと。美術館の絵については「美術館に入るや否《いな》や私たちは、美術と同様、歴史も探そうとする」とある。私たちは、音楽を聴くときも絵を見るときも、「歴史」を知ろうとするのである。

現代文 内容理解問題 ③

本冊 P. 33

解答

1 例 同時期にお互いの姿を変化させ、双方が利益を得るように進化する(三十字)

2 例 生き物に出会う(七字)

3 例 自然のロジックは何かを目指すものではないのに対し、人間のロジックは目標を立て、その実現を目指すものであるという点。(五十七字)

解説

1 文章中で例に挙げられている「異なる生物」とは、ランの一種と、あるハチドリのこと。ランはそのハチドリにしかみつを吸えないように花弁を変容させ、ハチドリもまたくちばしの形を変えたと書かれている。「申し合わせたように」とは、これらの変容が「同時期に」行われたことを指している。以上の内容を「利益」、「進化」などのキーワードを使い、字数以内にまとめ上げればよい。

2 氷海の世界には「生き物の痕跡」はあるが、実際に生き物に出会うことはほとんどなかった。そのような世界に、生き物の一種である筆者が存在していることを、「奇跡」だと表現しているのである。

3 「自然のロジック」と「人間のロジック」の特徴を表している部分を探す。「自然のロジック」は、「何かを目指してのことではな」く、「人間のロジック」は、「目標があり、その目標を立てかつ実現していくため」とあるので、それらの部分を使い、字数以内にまとめ上げればよい。

現代文 内容理解問題 ④

本冊 P. 35

解答

1 (1) 例 岩崎がホームに姿を見せなかったこと。

(2) エ

解説

1 (1) ――線部①の直前に「それが」とあることに注目。指示語の指し示す内容は、前の部分から探すのが原則なので、「それ」の指す内容をこれより前の部分から探す。すると、直前の文から、「彼はとうとう今日、ホームに姿を見せなかった」ことが「心残り」だと言っていることがわかる。「彼」の指示内容も明らかにして解答すること。「彼」とは、「岩崎の顔が浮かんだ時」や、このあとの文脈から「岩崎」とわかる。

(2) ――線部②のあとに、この岩崎の言葉に対して佐藤がどう思っているかが書かれている。転校を繰り返すうちに、「自分の感情を表に出すことがへたくそになっていた」こと、転校生として「自分の感情を押し殺しながら生きてきた」ことに思い至っていることに着目する。

現代文　内容理解問題　⑤

本冊 P. 37

解答

1 エ

解説

1 一日の終わりに食べる夕食は自分に「明日からもまた頑張ろうという気分」を与えてくれ、それと同じように「アーティスト」の「率直なことば」は、「新しい自分に変わっていく勇気」をくれたといっている。アは「後悔」が不適切。イは「贅沢《ぜいたく》な夕食を食べた」が不適切。ウは前半と後半が合わない。「生き方を振り返らせ」たのは「芸術家たちの率直なことば」だとある。

現代文　内容理解問題　⑥

本冊 P. 39

解答

1 例 最初から最後まできちんと観る。（十五字）

解説

1 冒頭の一文で、「最近」の「映画の見方」が述べられている。筆者は、現代のように映画を「最初から最後まできちんと観《み》る」のは、「作品としての映画をきちんと楽しもう」とするのにはよいが、「整理され、丁寧に表現され過ぎている」情報ばかり受け取っていては、「編集力」という「脳の潜在能力を活《い》かす」ことはできないと言っている。

現代文　心情理解問題　①

本冊 P. 41

解答

1 エ

解説

1 ――線部の直後に続く「そのとおり。亀萬《かめまん》だけじゃねえが、改良しなきゃならねえと思っとる」という満吉の言葉や、そのあと、父と兄に対して自分の書いた船図面を見せて、自分の考える船の説明をしているところから考える。また、父の顔を「正面から見すえていった」という態度からは、自分の考えをどうしても父に伝えたいという強い決意が感じ取れる。アの「褒めてもらいたい」、イの「自分が考えた船の構想は間違っているかもしれない」、ウの「自分が考えた嵐に強い船のどこがいけないのかを聞こうと思っている」は、いずれも不適切。

現代文　心情理解問題　②

本冊 P. 43

解答

1 ウ

解説

1 「それまで美しいとは思わなかった」ほた木が「何とも言えず美しく」見えるように変化したのはなぜかを読み取る。祖父の家にやって来たとき、洪作《こうさく》は、あまり会ったことがない祖父に対して少し緊張していた。しかし、粂《くめ》さんから「合掌《がっしょう》式」「木干し法」といった方法を考案したのが祖父だと聞かされ、洪作の祖父に対する思いが変化していく。この変化した思いが表れているのが――線部である。椎茸を育てる「ほた木」は、祖父と関わりが深いものであり、それを見て「何とも言えず美しい」と感じたということは、祖父を誇らしく思うようになったということである。

現代文 理由説明問題 ①

本冊 P. 45

解答

1 発芽後にも使える水(九字)

解説

1 乾燥した地域に生きる植物の種子については、第四段落以降に書かれている。第四段落に「乾燥した地域に生きる植物の種子は、適切な温度と水と空気があっても、発芽してはならない。発芽する際、もっとも気をつけねばならないのは、発芽後にも使える水があるかどうかである」とある。発芽したあとに水が不足すると、芽生えはたちまち枯死してしまうため、乾燥した地域の植物の種子は、「発芽後にも使える水」があるかどうかを見きわめなければならないのである。

現代文 理由説明問題 ②

本冊 P. 47

解答

1 イ

解説

1 ――線部の直後に「小池に褒められてから、急に使う色やかたちを迷いはじめたせいだと思う」とあることに着目。迷いはじめたのはどうしてかをとらえる。そのあとの「赤の上に黒を塗り、黄色を重ね、また赤に戻す。そんなことの繰り返し」という作業の様子から、納得のいく色を求めて試行錯誤している様子がわかる。「ぼく」は、自分でも変だと思っていた絵を小池に褒められたことによって、いつもならさっさと描いていた絵を、もっといいものに仕上げたいと思ったのである。ア「おざなりに」とは、いい加減な様子。そのような気持ちで絵を描いていたという描写は本文にはない。ウ「自分の絵が認められると小池の評価も上がるので」とあるが、そのような描写は本文にはない。エ「自分の隠れた絵の才能がようやく認められると気負い」とあるが、自分に絵の才能があると自負していたことがわかる描写はない。

現代文 表現理解問題 ①

本冊 P. 49

解答

1 (1) ウ (2) エ

解説

1 (1) ――線部①の「ずんずんと前進していく」「巨大なリュック」という表現から、くるみが力強くためらわずに進んでいる様子がうかがえる。清澄《きよすみ》が「石を磨くのが楽しいという話も、石の意思という話も、よくわからなかった」と思っているように、くるみの話は他人には理解されにくいことである。しかし、それを気にしている様子もなく、「石が好き」という気持ちに正直に生きているくるみの強さが、――線部①からはうかがえる。ア「感受性の豊かさ」は、――線部①では描かれていないので誤り。イ「他人の言うことに耳を貸さず」、エ「かみ合わない会話で気まずくなった雰囲気」は、本文中では描かれていない。

(2) 本来であれば「ただ僕があの時、自分が楽しいふりをしていることに、気づいてしまっただけだ」であり、語順を変えているので、エの倒置が使われている。語順を変えることで「楽しいふりをしていることに気づいてしまった」ことを強く印象づけている。

現代文 表現理解問題 ②

本冊 P. 51

解答

1 ア

解説

1 「暑さでアスファルトにゆらゆらと湯気が立っているように見える」「アブラゼミの声は～鳴き続けているみたいに」「全身をバネのようにして泣きじゃくる」「首を持ちあげたカマキリのような自転車」「うんとちいさいころにかいだ押し入れの匂いみたいだった」と、主人公の様子や、主人公の目から見える情景などが、比喩表現を用いて表されている。

現代文 表現理解問題 ③

本冊 P. 53

解答

1 イ

解説

1 Ⅰは、クラスメイトと口をきかなくなった「ぼく」に話しかける言葉であることから、さりげなく言ったと考えられるので、Cが適切。Ⅱは、「ぼく」のがんばりを評価する言葉だが、おおげさに褒めるのではなく、「ぼく」の気持ちに寄り添って静かに言ったと考えられるので、Dが適切。Ⅲは、本題に切り込む言葉であることからEが適切。Ⅳは、椎野《しいの》先生の顔から「えがお顔」が消えたこと、黙っている「ぼく」に強く返事を促す言葉であることからAが適切。Ⅴは、核心をつかれて泣き出した「ぼく」へのいたわりと共感を込めて言っていると考えられるので、Bが適切。

現代文 段落構成問題

本冊 P. 55

解答

1 ア

解説

1 第二段では、人間の言語は、「文というまとまりの中で、初めて確定的な意味をもつ」といっている。第三段では、その内容をさらに発展させ、語を自由に組み合わせて、任意の文を作ることができるので、実際に起きていないことを述べる文も作れることによって、「実際には起きていないことについて考えることもできる」といっている。さらに、次の第四段では、それらの内容をまとめ上げている。よって、アにあるように「論の展開を図っている」が正しい。

現代文 要旨

本冊 P. 57

解答

1 イ

解説

1 ことわざの例を示しながら、「時代が変わればことわざの受け止め方だって変化していってしまう」といっている。そのように言葉の変化を認めながら、「美しい日本語を守る」とは、「そういう変わっていく言葉を、どこまで昔のままに守るか」なのだという問題提起をしている。筆者の意見は、「なるべく守られているほうが美しい」というものであり、「生活の文化を、ちゃんと次の世代に伝えていくことが貴重」だと結んでいる。よって、イの「生活の文化をきちんと次の世代に伝える」が正しい。

現代文 主題

本冊 P. 59

解答

1 a夜　b小さな英雄　c大きな黒い手

解説

1 aは、【Ⅰ】も【Ⅱ】もともに夜の闇の出来事であることをとらえる。暗い夜に小さな子どもがけんめいになっていることが共通している。bは、「豊海《とよみ》」に対して「大きな夜の中」を行くように促したり、ずっとそばで励ましたりする存在を読み取る。cは、「いけにえを求める海へ大きな黒い手がうやうやしく豊海を差し出す」から読み取る。「大きな黒い手」は「闇の中から」来るものであり、「豊海」が暗い夜や海から感じている恐怖を象徴しているものである。

現代文 語句補充問題 ①

本冊 P. 61

解答

1 エ
2 イ
3 エ
4 エ

解説

1 「奥歯をかみしめる」は、「力を入れる様子」を表す。「覚悟を決める」と続いていることも手がかりとする。

2 「ずるいこと」をしている者を見つけたときに、叱りつける様子に合うものを選ぶ。アは「心がうきうきしている様子」、イは「がまんができない様子」、ウは「驚いて立ち上がれない様子」、エは「腕力や技量に自信がある様子」を、それぞれ表している。

3 選択肢から、「今日一匹も魚が釣れなかったら食べるものがない」という状況を表す言葉を選ぶ。「切羽詰まった」とは、「どうにもならない、差し迫った状態になった」という意味である。

4 ア「七転八倒」は「ひどく苦しんで、のたうちまわること」、イ「疾風迅雷」は「すばやく、はげしいこと」、ウ「悪戦苦闘」は「困難にうちかつために励むこと」、エ「右往左往」は「うろたえて、あちらこちらを行ったり来たりすること」という意味の四字熟語である。「わたし」は迷子になってあわてていることをおさえ、この心情を表すものを選べばよい。

現代文 語句補充問題 ②

本冊 P. 63

解答

1 イ
2 ア

解説

1 空欄を含む一文の前には「人間も言葉がなかった非言語の時代には、無意識の領域が大きく、『自分は自然で、自然は自分』という感覚を無意識に持っていた」とある。また、あとの文には「意識の世界一色になった現代」とあるので、現代は意識の世界であり、昔は無意識の世界であると述べていることをとらえて、空欄にあてはまる言葉を考える。

2 空欄Aの前に、「知性は現実を分析させ、その現実を直視させようとする」とあるので、春になったからといって安心だと感じさせないのは、「知性」の働きである。文脈からBも「知性」。Cは、「記憶がそう(大丈夫だと)感じさせるのかもしれない」とあることから考える。

現代文 語句補充問題 ③

本冊 P. 65

解答

1 イ
2 エ

解説

1 「六十年に一度だけ」咲くという「竹の花」を見つけたときの「ささ竹」の様子から、その心情にふさわしいものを選ぶ。「叫んだ」、「すげえ」などの表現からもわかる。

2 前後をよく読んで、それぞれの場面に最もふさわしいものを選ぶ。Aは直前に「今が勝負どきだ」とあることから、ⓑかⓓがあてはまる。Bは直後に「やはり一日の長ってやつだ」とあることから、「加倉井《かくらい》」の方が勝っている場面であり、ⓒだとわかる。CとDは、Dの直後に「加倉井の体温を感じる」とあることから、Dで二人が再び並んだことがわかる。つまり、Cで「ぼく」が「王子の帰還をはばんでやる」と奮起し、Dで並んだのである。Cは、一度Aでスピードを上げているので、ここでは「無理やり」上げていることをつかむ。

現代文 語句補充問題 ④

本冊 P. 67

解答

1 エ

解説

1 Aは、その前後の表現「多美子《たみこ》は傍《かたわ》らに立って～左手を広げた」「多美子は広げた左手を～琴《こと》世《よ》に笑いかけた」とあることに着目。ここから、Aには「左手を広げ」られた琴世の反応が入ると考えられる。Bは、やはり前後の表現をおさえる。「～土俵下の控えに戻ろうとした」英明《ひであき》たちの行動に対して、「観衆は黙したままじっと両大関に視線を注いでいる」ことに着目する。ここから、Bには英明たちの行動の説明か、おごそかな印象をもつ内容が入ることが考えられる。Cは、直後の「視線」が英明の視線であることを読み取れるかがカギ。Dは、琴世が意外な行動をとったことに対する反応が入ると予測できる。ⓐに「多美子は驚いて」とあることからも、ここにはⓐを入れるのが適当であるとわかる。

韻文 詩・短歌・俳句の知識 詩・短歌・俳句の鑑賞

本冊 P. 69

解答

1 B
2 第一連と第二連

解説

1 問題文の「成長する樹木のみずみずしさ」や「色彩的」「作者が見とれている」という表現に合うのは、「わかわかしき青葉」、「雨に濡《ぬ》れて色よき」「見つつ我《わ》れを忘る」という表現があるBである。

2 体言止めとは、体言(名詞)を行末に置き、余韻を深める表現技法。この詩では、第一連の二行目が「朝」、四行目が「儀式」、第二連の二行目が「日日」という体言で、それぞれ行を終えている。

文法 文の成分

本冊 P. 71

解答

1 イ
2 わたしが／いようが／いまいが
3 イ
4 ア
5 例 「鳥が」と「飛んだ」は主語・述語の関係にあり、「高く」と「飛んだ」は修飾・被修飾の関係にある。
6 考えています
7 イ

解説

1 分解すると、「栃木県(名詞)は(助詞)／豊かな(形容動詞)／自然(名詞)に(助詞)／恵ま(動詞)れ(助動詞)て(助詞)／いる(動詞)」となる。
＊——線部が自立語。

2 文節に分けるときは、一つの文節には自立語が一つ含まれていることを覚えておく。この文では順に、「わたし」、「い」、「い」が自立語である。「い」は、どちらも動詞「いる」の未然形。

3 分解すると、「今日(名詞)／は(助詞)／運(名詞)／の(助詞)／いい(形容詞)／日(名詞)／だっ(助動詞)／た(助動詞)」となる。

4 「必ずしも」は「…ない」という決まった語を伴う呼応の副詞。よって「ない」を含むアが答えとなる。

5 「鳥が」が主語、「飛んだ」が述語である。また、「高く」は、述語「飛んだ」を詳しく説明している連用修飾語。

6 文末にある「考えています」のように、「考えて」「います」と二文節以上からなり、述語と同じはたらきをするまとまりを「述部」という。

7 「まったく」は下に打ち消しの表現を伴う呼応の副詞なので、打ち消しの言葉を用いた「見せずに」を修飾するとわかる。

文法 品詞の識別・用言

本冊 P. 73

解答

1 エ
2 エ
3 ア
4 イ

解説

1 ここでの「ある」は動詞で、「事物が存在する」という意味で用いられている。アは連体詞、イとウは上の文節と補助の関係を作る補助(形式)動詞。

2 「さて」は、話題を変えるときに用いられる接続詞。エも接続詞で、同じような内容を並べたり、つけ加えたりするときに用いる。アは理由をたずねる副詞。イは、体言を修飾しているので連体詞。ウは名詞の一種で事物を指し示す代名詞。

3 「悔しく」とアは形容詞。イは名詞、ウは副詞、エは形容動詞、オは副詞である。

4 「説明し」の言い切りの形は「説明する」。サ行変格活用動詞「する」は他の品詞の言葉の下について複合動詞をつくる。この場合も、「説明する」で一語となっている。

文法 助詞・助動詞

本冊 P. 75

解答

1 エ
2 エ
3 ウ
4 ウ
5 エ

解説

1 ――線部とエは助動詞の「た」が、それぞれマ行とガ行の五段活用の動詞について「だ」と濁ったものである。アは形容動詞「大切だ」の終止形の活用語尾。イは助動詞「そうだ」の終止形の一部。ウは断定の助動詞「だ」。

2 ――線部とエは格助詞の「に」で、対象物を表す。アは形容動詞「きれいだ」の連用形「きれいに」の活用語尾。イはたとえの助動詞「ようだ」の連用形「ように」の一部。ウは副詞「すでに」の一部。

3 ――線部とウは「起点・出発点」を表す格助詞。アは「原因・理由」を表す接続助詞。イは「からには」という形で、「～する以上は」という意味を表す。エは「原料・材料」を表す格助詞。

4 ――線部「選んで」の「で」は、動詞「選ぶ」の連用形につき、あとの補助動詞「おく」をつないでいるので、接続助詞「て」が濁ったもの。ほかに同じ意味・用法のものは、動詞「こぐ」と補助動詞「いる」をつないでいるウ。アは断定の助動詞「だ」の連用形、イは格助詞、エは形容動詞「静かだ」の連用形「静かで」の活用語尾。

5 ――線部の「ない」は、単独で文節を作ることができるので、形容詞の「ない」である。これと同じ使い方の「ない」は、エの「席がない」である。ア～ウは、単独で文節を作ることができず、「わからぬ」のように、「ぬ」に置き換えることができるので、打ち消しの助動詞である。

文法 敬語の用法

本冊 P. 77

解答

1 申し(上げ)
2 ウ
3 エ
4 イ
5 例 お書きになって

解説

1 「言う」の謙譲語は「申す」「申し上げる」。「おっしゃる」は尊敬語なので、間違えないように注意する。

2 「です」や「ます」を丁寧語という。聞き手に対して丁寧さを表すために広く使われる。ほかに「ございます」もある。

3 アとウは自分たちの行動なので、謙譲語の表現で正しい。イは相手の行動なので、尊敬語で正しい。エは、先生の行動に対して、「申す」という謙譲語が使われているので、誤り。

4 アの「いらっしゃる」、ウの「召し上がる」、エの「なさる」は、いずれも尊敬語。イの「伺う」は謙譲語。

5 ――線部「書いて」の主語は先生なので、動作を行っている人に対して敬意を表す尊敬語を用いる。この場合は、尊敬表現「お～になる」を用いて、「お書きになる」とするのがよい。尊敬の助動詞「れる」を用いて、「書かれて」としてもよい。

古典 古典の知識

本冊 P. 79

解答

1 あじわい
2 かえりみざるゆえなり
3 Aながめ(て)
　Bもの思いに沈んでぼんやりと

解説

歴史的かなづかいを現代かなづかいに直す場合、次のような原則に注意する。

・「は・ひ・ふ・へ・ほ」(語頭や助詞以外)
　→「わ・い・う・え・お」
・「ゐ・ゑ・を」→「い・え・お」
・「ぢ・づ」→「じ・ず」
・「む」→「ん」
・「くわ・ぐわ」→「か・が」
・「アウ(-au)」→「オウ(-ou)」
　*やうす→ようす
・「イウ(-iu)」→「ユウ(-yuu)」
　*うつくしう→うつくしゅう
・「エウ(-eu)」→「ヨウ(-you)」
　*けう→きょう

1 「ぢ」→「じ」、「は」→「わ」、「ひ」→「い」と直す。

2 「へ」→「え」、「ゑ」→「え」と直す。

3 Aは、原文中から「見る」に関係する言葉を探す。「見(て)」と「ながめ(て)」が見つかるが、「広い範囲を見渡す」という意味で用いられているのだから、「ながめ(て)」が正解。書き抜き問題なので、「ながめ」か「ながめて」で答えること。Bは、原文の「ながめて」にあたる現代語訳の部分を探す。原文中の「この国の方をながめて」が、現代語訳では「この国の方をもの思いに沈んでぼんやりと見て」となっている。「もの思いに沈んで」からが「ながめ(て)」の意味にあたる部分。過不足なく抜き出すように注意する。

古典 動作主指摘

本冊 P. 81

解答

1 エ
2 ①ア　②ウ

解説

1 烏《からす》と鵜《う》の言葉の部分をそれぞれとらえ、どんなことを述べているかを読み取ること。「いかに鵜殿、〜吝惜《しはき》御心かな」が、烏の言葉。烏は、鵜を幸せ者だと言い、自分たちは一日中飛び回って(ア)、疲れて木に止まれば(イ)足が疲れると言い、鵜のまねをして(ウ)水に入って魚をとろうとすると、すぐに水を飲んでしまうと言っている。よって、ア〜ウは、すべて烏自身の動作。鵜の言葉は「烏殿烏殿」から。自分は、水に浮かんで(エ)何の苦労もなく食を得ていると思われているけれど、そうではない、と言っている。よって、エが鵜の動作である。

2 ①本文は、後冷泉《ごれいぜい》天皇が、月がすばらしいときに、女房《にょうぼう》たちを連れて南殿にお出ましになり、月見の宴をなさった場面。①中の「つかはす」は「与ふ」の尊敬語。「投げつかはす」は、「投げてお与えになった」ということ。尊敬語が使われているので、主語は後冷泉天皇であると判断できる。かえでのもみじを折らせて、「伊勢《いせ》大輔《たいふ》の孫」に投げてお与えになったのである。
②「申す」は謙譲語。天皇がかえでのもみじを伊勢大輔の孫に投げ与え、「この中には、おのれぞせむ(=この女房たちの中では、お前がわたしのしたことの返事をしなさい)」とおっしゃったので、歌を申し上げたのは「伊勢大輔の孫」である。

古典 古文の内容理解 ①

本冊 P. 83

解答

1 (1)イ (2)ア (3)ウ

解説

1 (1)本文は、負局《ふきょく》という、人の喜ぶことの好きな仙人が、人々が病気におかされて苦しんでいるときに、「八功徳水《はっくどくすい》」を用いて人々を助けたという話である。――線部①は、前に「医工をほどこすといへども、しるしをえず」とあることに着目する。医者が手を尽くしても効果がなく、人間の手でできることは何もなかったから、天に祈るしかなかったのである。

(2)「心のままに」は「思った通り」の意味。負局は、思った通りに水を湧き出させることができたのである。

(3)負局は、人々の病気を治すために国々を巡り、多くの人々を病気から救った。そして、最後の文に、負局がなくなったあと、「人々、かれが恩を謝せんために、かの八功徳水の上にほこらを建てて、神に祭りてうやまへり」とあることに着目する。アは、「人々から受けた恩恵をいつまでも忘れず」「恩返しをした」とあるが、負局は恩返しのために各地を回ったのではなく、人助けのために回っていたので不適切。イは、「自分自身のためだけの究極の術を習得した」という内容は本文中にない。エは、「誰よりも信心深いところがあり」「様々な場所にほこらを建てて」とあるが、ほこらを建てたのは負局ではなく、負局に救われた人々なので、不適切である。

古典 古文の内容理解 ②

本冊 P. 85

解答

1 (1)ア (2)ウ

2 (1)ウ (2)例 屋根へあがること。（九字）

解説

1 (1)水飲《みずのみ》という場所に住んでいた聖人の所に盗人が入った。しかし、何かの力のせいで逃げられない。そこへ聖人がもどってきた。恐れた盗人は、盗んだ物を返そうとするが、聖人は情けをかけて受け取らなかった、という話。――線部の直後に「盗人に猶《なほ》取らせてやりける」とあるので、盗んだものを返せとは言っていないことがわかる。「それなしとも」から、アの「返してもらわなくても」を導けばよい。

(2)「心にあはれみ深くぞありける」とあるように、聖人は慈悲の心を持っていて、盗人をとがめようとはしていないことを読み取る。

2 (1)坊主《ぼうず》が小僧を見つけて「問ふ」たあとのことなので、小僧からすると「答ふ」になる。何のために夜に棹《さお》を振っているのかと聞かれて、空の星を落とそうとしているけれど落ちないと答えている。

(2)小僧が、棹で空の星を落とそうとしていると知って、坊主はもっとよい工夫として、屋根にあがるように言っている。相手の「作」がないことを非難しながら、同じように愚かな意見しか持っていないところにこの話の面白みがある。

古典 古文の内容理解 ③

本冊 P. 87

解答

1 (1)思はず落ちたりければ (2)飛行 (3)ウ

2 例 大蛇が鶴を食うこと。（十字）

解説

1 (1)ハトを研究して空を飛ぶ機械を発明した男の物語。ある夜飛行していたら、野宴をしているのを見つけ、そこに近寄ろうとしたが、誤って落ちてしまったので、野宴をしていた男女は驚いて逃げていったのである。

(2)機械を発明して空を自由に飛びまわったことを指して「人のせぬ事」と言っている。

(3)空を飛ぶことができる機械ではあるが、地面から直接飛び立つことはできないとあるのでアは誤り。野宴の場所に落ちたものの、再び飛び上がれず、「歩《かち》して帰りける」とある。

2 望遠鏡を使って領土を見ているときに、遠くにある大きな松に鶴《つる》が巣をつくり、ひなを育てているのを見つけた。あるとき、松の根元から大蛇が登っていくのを見て、「あれを阻止せよ」と大騒ぎになった。直前の「やがて巣へ登りて鶴を取り喰《く》ふならん」に注目する。

古典 融合文 ①

本冊 P. 89

解答

1 イ

解説

1 ――線部より前の部分に、冒頭で引用した「徒然草《つれづれぐさ》」の序文について、「兼好があまりにも高名なこの一文を創作したことに疑問を持つことは、あまりありません」とあり、さらに、「しかし、すべてを兼好個人が考えついたものではないのです」と述べられている。さらに、「徒然草」の執筆よりも約三百年も前に活躍した和泉式部《いずみしきぶ》の歌集の詞書《ことばがき》を引用し、「徒然草」の序文でも使われている「つれづれ」「よしなしごと」という語を含んでいることに言及して、「『徒然草』序文のかなりの部分と重なり合っています」と述べている。そして、これらのことについて、最後の一文で「一個人の独創であるかに見える名文にも、このように先行する表現があって、すべてが新見というわけではないのです」と述べられていることから、和泉式部の歌集の表現を引用したのは、『徒然草』の序文は独創ではなく、先行する表現があることを例として示すためのものであることがわかる。最後の一文の「独創」「先行する表現」という言葉に着目して、あてはまる選択肢を選ぶ。

古典 融合文 ②

本冊 P. 91

解答

1 例 扇を射損なったら、自害する（十二字）

解説

1 扇に対面する与一《よいち》が、その覚悟を語っている部分を探す。「これを射損ずるものならば、弓切り折り自害して、人に二《ふた》たび面《おもて》を向かふべからず」とある。自害までも口にするところに与一の覚悟が伝わってくる。

古典 融合文 ③

本冊 P. 93

解答

1 水に長じて水に安んずるは性なり。

解説

1 ――線部は「男」の言葉。書き下し文中の「男」の言葉は、二つ目の会話文の方なので、二つ目の「曰《いは》く」の次の「吾陵《われりよう》に生まれて～命なり」から探す。「水」「安」など共通する漢字に着目する。

古典 漢文

本冊 P. 95

解答

1 イ
2 ウ
3 イ

解説

1 返り点がたくさんついているので、落ち着いて次の手順で読もう。
①最初に「楽」を読む。
②次の「不」は、左下にレ点があるので一字下の「可」を読んだあとに読む。
③「可」にも左下に二点がついているので、一点のついた漢字を読んだあとに読む。
④「以」にもレ点がついているので、すぐ下の「偽」を読み、「以」に返って読む。
⑤ここまでで、「楽→偽→以」と読む。
⑥一番下の「為」を読み、一点がついているので、二点のついた「可」を読む。
⑦「可」を読んだので、「不」を読む。
少し複雑だが、返り点を丁寧に追いながら、読む順序を見きわめていくこと。

2 「人有従学者」を[1] [5] [2] [3] [4]の順に読むことができるものを探す。二字以上隔てて上に返っているので一・二点を使用する。ウの[1] [5]二 [2] [3] [4]一が正しい。

3 一・二点に従って「臥虎《がこ》」を読んでから、「見」に返って読む。次に、レ点に従って「之《これ》」を読んでから「射」を読む。